모럴
아포리아

Original Japanese title : Moraru Aporia- Dotoku no Jirenma
Copyright © 1998 by Yasukuni Sato, Kohei Mizoguchi
Original Japanese edition published by Nakanishiya Shuppan
Korean translation rights arranged with Nakanishiya Shuppan
through The English Agency(Japan) Ltd. and Eric Yang Agency

모럴
아포리아

뻔한
도덕을
이기는
사유의 정거장

M O R A L

A P O R I A

8

사토 야스쿠니 · 미조구치 고헤이 엮음
김일방 · 이승연 옮김

글항아리

도덕성이란 도덕현상을 인식하고 도덕규범을 준수하려는 심성이다. 자신의 행위는 물론 타인의 행위에 대해 시비선악을 판단하고 옳고 선하게 행동하려는 마음가짐을 말한다. 이처럼 도덕성은 하나의 심성이요, 마음가짐이므로 한 인간의 도덕성 수준이 어떠한지 우리는 쉽게 판단할 수 없다. 겉으로 드러나지 않고 따라서 경험할 수 없는 내면세계이기에 도덕성을 과학적으로 검증하거나 측정한다는 건 엄두도 못 낼 일이다. 그러나 이 '엄두도 못 낼 일'이라는 고정관념을 깨고 도덕성도 얼마든지 측정할 수 있음을 보여준 대표적인 학자가 있으니 그가 바로 콜버그Lawrence Kohlberg(1927~1987)다.

콜버그는 인간의 도덕성 단계를 확인할 수 있는 채점 방법을 개발하는 데 30여 년의 반평생을 바치면서 연구를 거듭한 결과 저 유명한 '3수준 6단계'설을 이론화해냈다. 그에 따르면 인간의 도덕성은 1단계에서 6단계로 발달해가는데 6단계는 좀처럼 이르기 어려운 단계로 극히 일부 사람들만이 이를 수 있고, 5단계에 이르는 것도 그리 쉽지 않다. 그래서 그는 도덕교육의 목표를 제4단계, 즉 '법과 질서' 지향 단계에 두는 것으로 만족했다. 적어도 세상 사람들이 법과 질서를 지향하는 도덕성만이라도 제대로 갖춘다면 지금보다 훨씬 더 나은 사회가 될 것이라는 판단에서였다.

이러한 콜버그의 도덕성 발달 단계론에 따를 때 우리나라 사람들의 일반적인 도덕성 수준은 과연 몇 단계에 해당될지 자못 궁금해진다. 아마도 제3단계와 제4단계 그 어디쯤 있지 않나 생각된다. 제3단계는 '대인관계' 지향 단계로 이 단계에서 도덕적으로 옳은 일이란 주변 사람들이 기대하는 역할을 수행해내는 것이다. 자식으로서, 부모로서, 학생으로서, 선생님으로서, 친구로서, 동료로서 주위 사람들이 기대하는 바를 충족시켜 '좋은 사람' '괜찮은 사람'으로 인정받는 것이 중요한 단계다. 우리의 일반적인 도덕성이 3단계에 있다면 지나치게 과소평가하는 듯하고, 4단계에 있다면 과대평가하는 게 아닌가 하는 생각이다.

어쨌든 우리에게 중요한 것은 도덕성을 끌어올리도록 노력하는 일이다. 도덕이란 나만을 위한 규범이 아니다. 너와 내가 행복하게 공존하는 데 필요한 규범으로 사회의 안정과 신뢰감을 확보하는 주춧돌이다. 그러하기에 도덕성을 조금이라도 끌어올린다는 것은 어느 시대에나 필요한 당위적 과제인 셈이다. 그런데 '도덕성을 한 단계 끌어올리는 일'이 표현은 쉬울지 모르나 실현은 만만찮다. 도덕성은 점진적으로 아주 서서히 변해가기 때문이다. 그래도 우리는 이 일을 소홀히 할 수 없으며 여러 측면으로 모색해볼 수 있다. 특히 윤리학 측면에서 필요한 것은 도덕에 대한 반성적 고찰이다. '도덕이란 무엇인가?' '왜 도덕적으로 살아야 하는가?' 하는 기초적 물음에서부터 거기서 파생되는 다양한 질문을 생각하고 따져보는 습관이 중요하다. 그러려면 일단 이러한 문제에 대한 왕성한 '지적 호기심'을 자극하고 깊은 사유의 세계로 빠져들도록 안내하는 일이 절대적으로 필요하다. 이러한 필요성을 제대로 충족시켜주고 있는 것이 바로 이 책이다.

이 책의 원제는 『모럴 아포리아: 도덕의 딜레마』(2007)다. 제목 그대로 도덕적 난제 또는 난문이다. 나카니샤 출판사가 기획한 윤리학 총서 가운데 제1권으로 다른 어느 책보다 많은 독자의 사랑을 받아왔다. 이 책을 기획하게 된 것은 우리가 살아가는 가운데 쉽게 부딪히긴 하지만 그 해결은 결코 녹록지 않은 윤리학적 난제들에 대해 전문가들은 어떻게 대답하거나 정리하는지를 보여주고자 하는 의도에서였다.

이 책의 특성을 몇 가지로 정리해보면 이렇다.

첫째는 주제가 다양하면서도 주제별 집필자를 전부 다르게 함으로써 주제에 대한 완성도를 높이고 있는 점이다. 이 책에서 다뤄지는 주제들은 사회적으로 주목받고 있거나 우리가 살아갈 때 곧잘 부딪히는 생생한 '윤리학적 난제'들이다. '도덕의 존재' '자유' '사회' '좋은 삶' 등에 관한 주제들을 19가지로 나누고 주제마다 전문가를 선정해 한 주제에만 천착하게 했다. 주제별 분량은 많지 않지만 내용의 폭은 아주 깊고도 넓게 구성되어 있다.

둘째는 기술 방식이다. 각 글 서두에 주제를 좀 더 분명하게 인식할 수 있게 안티노미antinomy(이율배반) 형식의 물음을 제시하고 있다. 찬반 형식의 물음을 통해 글을 읽어 내려가는 동안 주제에 몰입할 수 있도록 한 점이 매력적이다. 그리고 '모럴 아포리아 용어집Glossary'이라 하여 12가지 용어를 선정해 해설했는데, 이 용어들은 아포리아를 떠나 윤리학을 이해하는 데도 긴요한 것들이어서 이 책의 가치를 더욱 높여준다.

셋째는 이 책의 활용도가 매우 넓다는 점이다. 학교에선 철학·윤리학 관련 강좌나 교양 강좌에서 주교재로 충분히 활용할 만하다. 학교가 아닌 일반인들의 독서 모임이나 사회교육기관에서의 토의·토론 교재로도 적격이다. 개인적으로도 삶 그 자체에 대해서 또는 자신이 속한 사회의 여러 사태에 대해서 궁금증을 지닌 사람들이라면 그러한 지적 호기심을 충분히 충족시켜줄 것이다.

우리는 살면서 '인생 뭐 있어' '사는 게 다 그런 거지' 하고 인생에 달관한 도사처럼 말하는 이들을 종종 만난다. 문제는 그런 표현을 들으면서도 별다른 반응을 보이지 않거나 '인생이 정말 그런 건가?' 하고 약간 의아해하면서도 뭐라고 마땅히 대응하지 못한다는 점이다. 삶의 문제에 대한 개인적 고민뿐만 아니라 사회적 토론 또한 부재한 탓이다. 이 책이 우리 사회에 만연해가는 체념적 세계관을 불식시키고 삶을 새롭게 인식함으로써 활력이 넘치는 삶, 도덕적으로 한 단계 성숙한 삶을 고양시키는 촉매제 역할을 조금이라도 해주었으면 하는 바람이다.

옮긴이들은 책을 두 부분으로 나누어 각자가 옮길 몫을 정하고 작업을 마친 뒤 서로의 번역 부분을 돌려보면서 오역을 없애고자 노력했다. 그리고 애매한 단어나 용어에 대해선 어떻게 옮기는 것이 좋은지 충분하게 협의했다. 두 사람의 작업이 혼자 했으면 놓쳤음 직한 부분들을 바로잡는 데 많은 도움이 되었음을 이번에도 절실하게 체험할 수 있었다. 그럼에도 혹시나 잘못 옮긴 부분이 있다면 그 책임은 옮긴이들이 질 수밖에 없을 것이다.

2013년 4월
양류재陽遊齋에서 김일방, 이승연

오늘날에도 윤리학에 대한 사회로부터의 요구는 결코 적지 않다. 통상의 윤리관으로는 도저히 해결할 수 없는 사건이나 문제가 사회적 상황에서건 일상생활에서건 빈발하고 있는 모습을 보면 그것도 당연할 것이다. 그러는 한편 윤리학을 전문적으로 연구하는 윤리학자가 쓴 저술에 일반 독자들이 어느 정도 기대를 걸고 있는지는 실로 염려된다고 하지 않을 수 없다. 결코 큰 기대는 하지 않을 것이다. 우선 생각나는 이유를 든다면, 윤리학자라는 존재는 그 생애 대부분의 시간을 서재에 틀어박혀 독서나 논문 쓰기에 소비하고, 그 실천활동을 살펴본댔자 기껏 대학과 같은 교육 연구 기관에서의 활동이라든가 사회적으로는 찻잔 속 태풍 정도의 의미밖에 갖지 못하는 학내 정치 수준의 일에 몸담고 있어 생생한 윤리적 위기에 봉착할 기회 등은 일반 사람들보다도 훨씬 적다. 확실히 윤리학적으로 중요한 문제, 즉 어떤 사태에 직면했을 때 행위의 선악에 대한 최종 판단이라든가 인생의 목적을 두고 동서고금의 여러 사상가가 말해온 사상에 관한 지식은 남들보다 많이 가지고 있겠지만, 참인생의 문제에 대한 대처 측면에 관해선 어린애나 다를 바 없다는 것이 세상의 통념이다. 그러므로 윤리학자에게 참인생의 문제에 대한 상담을 해오더라도 엉뚱한 답변만 듣게 될 것이다. 지금으로선 그 문제에 대해 반론하기 어려운 게 확실하지만 그렇다 해도 윤리학자 쪽에서도 불평이라는 게 없을 리 없다. 즉 윤리학, 그것도 인문과학의 한 분야로 자리 잡은 학문으로서의 윤리학에는 그러한 인생 상담의 상대를 하는 것이나 사회문제에 재빠른 답변을 내는 사회평론가적 활동과는 다른 사명을 인정받고 있고, 세간의 기대라는 것도 그곳에 쏠려 있을 것이라는 점이다.

 이 책은 오늘날 사회문제로서 주목받고 있는, 또 보통의 삶 속에서 쉽게 마주치는 생생한 '윤리학적 난제'에 대해 윤리학 전문가들은 어떻게 대답하는지 혹은 대답할 수 없는 경우라면 어떻게 문제점을 정리하는지를 보여주고자 기획된 것이다. 일의 성질상 윤리학 전문가가 아니더라도 이들과 유사한 난문에 부딪히는 사람은 적지 않을 것이고, 각자가 거기에 대해 나름의 답변을 마련할 수도 있을 것이다. 그러나 한편으로 바로 이들 난문의 대부분이 고전적인 문제에 속하는 것이므로 과거 및 현대 사상가들이 제시해놓은 답변이 방대하게 축적되어 있는 것 또한 사실이다. 그렇다면 이들에 대한 전문 연구를 통해 얻어진 지식에서 의의를 찾아낼 수도 있을 것이다. 이 책에서는 감히 '모럴 아포리아'라는 말을 타이틀로 내걸고, 또 전체적으로 최소한의 통일성을 확보하기 위해 각 항목의 머리 부분에서 안티노미 형식으로 문제점을 요약해 보여준 다음, 그것에 의거해 논술을 진행하고자 했다. 이는 이미 모럴, 도덕, 윤리라는 자칫하면 정적인 대응으로 기울어지기 쉬운 문제에 대해, 어떻게 하면 지적으로 대처할 수 있는가를 명백히 한다는 이 책의 기본 취지를 보여준 것이라 할 수 있다. 칸트와의 결합으로 잘 알려진 이 안티노미라는 개념의 진면목은 문제를 어디까지나 지적으로 정리해서 대립점, 모순점을 밝히는 것, 그리고 그것에 대한 우리의 대처 능력이 미치는 범위를 결정하는 데 있는데, 여기서도 그 예에 따라 대상에 대한 지적인 관계가 철두철미하게 요구되고 있다.

가공이 아닌 실제 인생에서 윤리적 위기 상황에 직면했을 때 윤리학자와의 상담을 통해 얻어지는 특별한 이익 같은 게 있을 듯하지도 않고, 또 그 윤리학자가 이와 같은 상황에 임했을 때 특별한 해결 능력을 갖고 있다는 식으로 착각하거나 그와 같이 행동하는 것은 우스꽝스럽기 그지없다. 그러나 윤리학자가 제안하는 얼핏 보면 지나치게 이상적인 역사적 지식, 또는 여러 가지가 뒤섞여 복잡한 사태에 대한 언뜻 보기에 장난과도 같은 분석이나 추론 방법 등을 접하는 것이, 실제 인생을 살아가고 있는 사람들에겐 약간의 시사점을 준다든가, 마음의 여유 — 확실히 그것은 인생에 있어서 일종의 사치일지 모르지만 어딘가 마음의 지주가 되는 여유 — 를 확보해주는 계기가 될지도 모른다. 오늘날 세간의 관심이 집중되고 있는 다양한 스캔들, 금융스캔들로부터 원자력 발전 사업 관련 스캔들에 이르기까지 대기업이나 정부 관료들이 연루된 스캔들에 맞닥뜨려 우리가 놀라는 것은 단지 실제로 일어난 사항에 대해서뿐만이 아니다. 사회적으로 높은 평가를 받고 제각기 풍부한 경험도 쌓았을 당사자들이, 반드시 사리사욕 때문만도 아닌 자신의 행적에 관해, 오직 은닉하고자 할 뿐 제대로 된 변명 한마디 못 하는 것에 놀라움을 금치 못한다. 이와 같은 상황에 부딪히면 윤리적 난문에 관해 지적으로 논하는 것의 사회적 의의를 다시 한번 생각해보지 않을 수 없다.

이렇게 되면 윤리학자가 따라야 할 의무를 다시금 질문하게 된다. 어디까지나 지적으로 행동하도록 요구받는 윤리학자라면 설령 자신에게 불리한 일이 있다 해도 그것이 존재하는 이상 인정하지 않으면 안 되는 경우가 있을 것이고, 얼마간의 전제로부터 논리적 정합성을 가지고 도출되는 결과에 충실히 따르지 않으면 안 되는 경우도 있을 것이다. 더욱이 어떤 일에 관해서 발생할 수 있는 쌍방의 대립적인 견해에 귀를 기울일 준비도 필요할 것이다. 물론 윤리적 문제에 관해 풍부하고 정확한 지식의 소유나 신선한 문제 제기도 요구될 것이다. 더구나 독자에게 자신의 독단을 강요하지 않고, 그 위에 자신의 책임 아래 대상이 되는 문제를 깊이 탐구하며, 그것이 포함하는 논리적 가능성을 최대한 전개해나가야 할 것이다. 그렇다면 이는 그리 간단하게 달성되는 일이 아니다.

위에서 말한 점들을 토대로 이 책은 어디까지나 학문으로서의 윤리학이라는 공통의 틀을 지키면서, 그 위에 다양한 사상, 다양한 입장의 내용을 담고자 기획되었다. 그 까닭에 다양한 분야의 연구자에게 집필을 의뢰하게 되었다. 그 점에서 독자는 논자 저마다의 입장이 다른 것에 당황할지도 모르겠다. 그러나 이 다양함 또한 오늘날의 윤리적 상황이 마주친, 또 윤리학이라는 학문이 지니고 있는 진폭의 크기를 보여주는 것으로서 받아들여주리라 본다.

이 책에는 아포리아 각 항목 외에 그것과 관련이 있는 '모럴 아포리아 용어집'이 덧붙여져 있다. 이것은 원래 아포리아의 각 항목에 관한 이해를 깊이 있게 하도록 기획된 것이지만 그와는 관계없이 읽어도 좋다. 이제부터 오늘날의 윤리학 쟁점의 일단을 엿볼 수 있으면 다행이겠다.

사토 야스쿠니 佐藤康邦

A   P   O   R   I   A

제1부

사회의 아포리아

1. 무조건적 관용은 있을 수 있는가

나 가 노   도 시 오

테제 사람은 언제 어떤 상황에서든 관용을 베풀어야 한다

안티테제 관용을 모르는 사람에게까지 무조건 관용을 베풀 필요는 없다

**관용이라는
문제**
동서 이데올로기 대립과 냉전 구조가 무너진 오늘날, 민주주의 체제에서 사람들 사이에 다양한 문화와 세계관을 공존하게 하는 것, 그러니까 '관용'이라는 자유로운 정신을 공유하는 것이 불가결한 공생의 방법이라는 인식이 널리 확산되어왔다. 하지만 한편으로 이제까지 정치적 권력의 지배 하에 봉인되어 있던 '민족'이나 '종교'의 자기주장이 전에 없을 만큼 원리주의적으로 급진화하여 심각한 대립을 낳고 커다란 불안 요인을 만들어내는 것 또한 사실이다. 지금이야말로 관용은 새삼스럽게 시련에 직면해 있는 것이다. '적극적 개입 방식의 미국형 인권 외교'는 어딘가 인종적 편견이 뒤섞여 오만해 보이고, 사실상 편의주의여서 뒤따르는 희생도 크다. 하지만 그런 문제가 있다 해도 원리주의의 폭력이 횡행하는

것을 그저 수수방관해도 좋은가 하는 의문은 남는다. 옴진리교 사건 등을 통해 알 수 있듯 이는 단순히 남의 일만도 아니기에 문제는 아주 복잡하다.

글 첫머리에 제시된 안티노미는, 인간이 이와 같은 사태에 직면했을 때 어떤 태도를 취해야 할 것인지에 대한 원천적인 어려움을 제공하는 난문임에 틀림없다. 현실 정치 문제에 대한 학문의 영향력은 그다지 크지 않지만, 원리상의 문제라면 그 요점을 해부해 정리하고 제대로 생각해서 판단하지 않으면 안 되는 경우도 있다. 행위 선택의 여러 가능성이나 의의를 확인하는 것은 학문 안에서도 충분히 가능하다.

그런데 서두의 안티노미에 국한된 이야기이지만 확실히 관용이라는 사상은 '허용하기 어려워 보이는' 상대를 만났을 때 비로소 문제가 된다. 따라서 관용하기 어려운 사람에 대해서도 관용을 베풀 수 있을까 하는 질문은 '관용'을 제대로 추궁하는 사상적 태도라고 할 수 있다. 그러므로 이 안티노미는 관용이라는 사상에 처음부터 얽혀 있는 난문이다. 이것을 해소하려면 먼저 '관용'이라는 사상적 요구의 본래적 의미부터 생각해봐야 할 것이다.

**도덕의
문제인가?**

그렇다면 '관용'이라는 요구는 어떤 요구인가? 이 책에서는 관용의 문제도 '도덕'상의 난문으로 다루고 있지만, 관용은 실제로 도덕의 문제일까?

도덕에 있어서 '허용하기 어려워 보이는' 상대방을 '허용한다'는 것은 어떤 의미일까? 도덕적으로 '허용하기 어렵다'는 것은 도덕적으로 '악하다'거나 '품행이 불량하다'는 부정적 평가임에 틀림없다.

그렇다면 도덕적으로 허용하기 어려워 보이는 상대방을 허용한다는 것은 글자 그대로 보면 도덕적인 악을 인정하자는 것이 돼버린다. 이것을 도덕의 요구라고 한다면 아주 기묘한 꼴이 되고 만다.

그래서 관용의 연원인 '종교적 관용'에까지 거슬러 올라가보면 여기에는 중요한 곡절이 있음을 알 수 있다. 라브루스Ernest Labrousse에 따르면 18세기 초까지 프랑스어의 '톨레랑스tolerance'라는 말에는 '악에 대한 우유부단한 용인'이라는 비난의 의미가 포함되어 있었다. 보쉬에J. B. Bossuet는 1691년 『프로테스탄트에 대한 경고』라는 저서에서 특히 가톨릭이 모든 종교 가운데 가장 불관용적이라고 자랑스러운 듯이 쓰고 있다. 순수하게 종교적인 요청에서 본다면 결코 '악'을 허용하지 않는 것이 '의로운 사람'의 의무가 된다. 이것은 도덕에서도 동일하다. 도덕 또한 도덕적으로 옳은 것(선)을 옳다고 인정하고, 도덕적으로 옳지 못한 것(악)을 인정하지 않도록 요구한다. 불관용을 '원리주의'라고 명명하는 이유가 바로 여기에 있고, 사실 도덕 그 자체로부터는 '관용'이라는 요구가 생기지 않는 것이다.

관용의 정치적 유래

그렇다면 오늘날에 통용되는 '관용'의 의미는 어디서 생겨난 것일까? 그것은 이질적인 신념·관습을 지닌 소수자가 다수자로부터 받는 박해에 항의하고 대항하는 논리로서 출발했다. 특히 그것은 국교와는 이질적인 종교적 신념을 지닌 자들에 대해 위정자가 가하는 폭력에 항의하고, 이 위정자의 폭력을 정당화하고 권위를 부여하는 논의를 논박하는 '종교적 관용'에서 비롯되었다. 그러므로 관용은 종교나 도덕을 넘어 정치적 성격을 갖는 것으로 봐야 한다.

이와 같은 관용의 정치적 의미는 1689년에 익명으로 라틴어로 발표되고, 곧 영어나 네덜란드어로도 번역되어 아주 큰 영향력을 끼친 영국의 휘그당원 존 로크의 『관용에 관한 편지』를 보면 잘 알 수 있다. 왜냐하면 이 편지에서 로크가 거듭 강조하고 있는 것은 교회와 국가의 분리, 곧 종교와 정치의 분리이기 때문이다. 로크는 논의를 다음과 같이 매듭짓는다.

"만일 국가와 교회 각자가 자신의 영역에 만족하여 한쪽은 현세적 복지에만 힘쓰고, 다른 쪽은 영혼 구원에만 힘쓴다면 둘 사이에는 어떤 불화도 생길 수 없었을 겁니다. 그러니 이 불화는 참으로 수치스러운 일입니다." 이와 같은 제정 분리론은 종교 영역으로 정치권력의 개입을 억제하려는 의도를 갖는다는 점에서 정치적 주장임이 분명하다.

정치와 도덕의 구분

이처럼 관용 사상이 정치적 유래를 갖는다는 것은 무엇을 의미할까? 여기서 처음의 안티노미로 돌아가 보자. 이 안티노미가 글자 그대로 이율배반으로 여겨지는 것은 두 테마가 같은 수준에서 팽팽히 대립하고 있다고 간주될 때다. 단일 레벨에서 생각하기 때문에 배타적인 양자택일이 되어버리는 것이다. 하지만 관용 사상의 정치적 유래를 이해하고 보면, 이 안티노미 속에는 적어도 두 가지 레벨 문제, 즉 정치 레벨과 종교 혹은 도덕 레벨의 문제가 겹쳐 있음을 알 수 있다. 그리고 여기서부터 문제는 풀리지 않을까 생각된다.

관용이란 도덕적으로 허용하기 어려운 상대방과도 정치적으로는 대등하게 공존할 수 있음을 승인하는 것이다. 그러니까 여기에는 도덕적 대립과 정치적 화해라는 두 레벨에서의 다른 태도가 포함되어 있다. 혹은 로크가 강조하는 것처럼 애초부터 이 두 레벨을 정확하게 구별하자는 것이 관용의 요구다. 그러니까 관용은 처음부터 무조건적 수용이 아니라 오히려 대립을 인식하면서 공존을 도모하는 전략적인 태도 결정이라고 해도 좋다. 그리고 그 이면에는 이질적인 도덕관의 소유자들이 이미 사회의 불가결한 구성 요소가 되어 있다는 사실 인식이 깔려 있다.

바꿔 말하면 관용은 도덕적 상대주의의 부정이라든가 대립의 부정이 아니라 도덕적 대립을 도덕적 방식으로 겨루는 것이고, 정치적 권력이나 폭력을 끌어들이지 않는 것이다. 즉 도덕상의 대립은 생활 태도 그 자체의 좋은 점을 보여줌으로써 혹은 도덕적 커뮤니케이션이나 설득으로 겨뤄야 하며, 이 '겨룸'의 장 배후에서 이를 정치적 공정성과 정의가 정당하게 보증하는 기능을 해야 한다고 보는 것이다. 여기엔 '어떤 도덕관도 조건 없이 관용의 대상으로 삼는 것'과 도덕적으로 '허용하기 어려운 태도나 행위는 허용하지 않는 것'이 모순 없이 양립하고 있다.

불관용에 대처할 수 있을까?

그런데 말이 쉽지 실제 관용하기 어려운 상대방을 만나면 어떻게 대처해야 할까? 원칙상으로 관용 사상이 도덕적 대립과 정치적 화해의 구별을 주장하더라도, 무례한 상대방은 아랑곳하지 않고 도덕적 대립을 정치의 장으로 끌어와 정치 투쟁을 통해 해결하려들지도 모른다. 그럴 때는 관용의 태도가 현실적으로 유지되기 어렵지 않을까? 그리고 이점이야말로 서두의 안티노미가 문제 삼고 있는 것이 아닌가?

이 의문을 해소하려면 관용의 입장은 '대립을 인식하면서 공존을 도모하는 전략적인 태도 결정'이라는 점을 상기할 필요가 있다. 관용은 도덕

적 원리가 아니라 정치적 방침인 것이다. 그러니까 관용은 장기 전략으로
는 어떤 상대와도 평화적으로 정치적 공존이 가능하다는 '낙관주의' 입
장에 서 있지만, 당면한 정치 전술로는 상대방의 태도에 따라 그때그때
임의로 대처하는 '교묘함'을 포기하지 않는다. 물론 이 전술적인 응수에서
관용의 입장이 늘 우세하지는 않겠지만, 이질적인 도덕관의 소유자들이
이미 저마다 사회의 불가결한 구성요소가 되어 있다는 사실을 고려한다
면, 사회의 위기를 초래하지 않으면서 불관용을 계속 유지할 방법은 없을
것이다. 관용의 입장에서는 이렇게 전망할 수 있는 것이다. 그러니까 이러
한 사회를 기초로 관용은 전략상의 낙관에 전술상의 세심함을 결부시켜
서 불관용에도 대처해나갈 수 있을 것이다.

**관용의
사회적 기반**

관용이 하나의 정치적 방침이라지만 채택해도 그만,
안 해도 그만인 식의 '즉흥적 발상'은 아니다. 이 방
침은 오히려 오늘날의 사회 구조와 일정한 친화성이
있다. 즉, 관용의 입장이 18세기 이후 근대사회의 성
숙과 연동해서 힘을 지녀왔다는 사실에는 사회적 근거가 있다.

관용의 입장을 종교적 관용에 입각해서 본다면 그것이 유력해지는 과
정은 사회의 '탈종교화'라든가 '세속화'라는 사태와 결부되어 있다. 공동
체나 국가제도가 예전과 같은 종교와의 긴밀한 제휴에서 탈피하고, 보다
확대된 사회의 공적 관심은 세속적 이해利害로 크게 쏠리면서 그에 따라
사람들의 종교 귀속은 오로지 개개인의 신념이나 사적 생활 영역의 문제
로 여겨지게 되었다. 사회 구성원들의 신앙이 아무리 다양하더라도 그것
이 사회질서 존립이나 안전에 위협이 되는 경우는 적어진다. 이런 상황에

서는 종교를 둘러싸고 정치적 분쟁을 일으키지 않는다는 관용의 입장이 가장 위험이 적고 현실적인 선택지가 된다.

이와 같은 세속화 과정은 구조를 중시하는 사회이론의 입장에서 보면 사회 여러 영역의 기능적 분화라는 문제로 파악된다. 기능적 분화란 경제·정치·학문·법 등의 영역이 제각기 고유한 가치 기준과 내적 논리를 가지고 자율적으로 작용하며, 전체 사회에 대해 제각기 독자적 기능을 다하는 것을 말한다. 예를 들면 수익성을 지향하는 '경제'에는 경제의 독자적인 논리가 있고, 진리에 전념하는 '학문' 또한 독자적인 기준과 논리로 영위되고 있으며, 어느 쪽도 다른 쪽이 대신할 수 없는 기능을 한다. 그러한 개별적 기능이 지속적으로 공유된다면 서로 다른 도덕관의 소유자들도 도덕적 대립을 직접 삶의 자리에 끌어오지 않는 태도를 배울 것이다. 이러한 경험은 사회생활의 '관행'을 낳는다. 그리고 이것이 정치와 도덕을 구별하는 관용의 주장을 보편적으로 받아들일 수 있는 사회적 기반이 될 것이다. 이러한 의미에서 관용은 오늘날의 사회 구조와 어떤 친화성을 지니고 있는 것이다.

모럴 아포리아와 사회 분화

이리하여 '무조건적 관용은 있을 수 있는가?'라는 물음은 분화되고 복합적으로 이뤄진 사회 구조를 기반으로 정치와 도덕을 구별하는 규범 문제에 대한 태도의 복합화라는 방식으로 답변할 수 있게 되었다. 아니, 그보다 원래 서두의 안티노미는 처음부터 정치와 도덕을 구별하라는 요구를 갖고 있는 관용 사상을 도덕 레벨에만 한정해 파악한 것으로, 제 스스로 빠져버린 의사 이율배반이고 이른바 가짜 문제이다. 우리는 여기에 사회사상사적 관점과 사회 이론적 관점을 조합해 반성을 부가하게 된다.

그런데 이와 같은 관용 문제의 구조는 사실 그 밖의 많은 '모럴 아포리아'를 해결하는 데도 하나의 열쇠가 된다. 왜냐하면 기능적 분화가 진척된 오늘날의 사회에선 도덕이나 정의에 관해서도 문제 구조가 복합화되어 있고, 일차원적 견해로는 해결 불가능한 아포리아로 보이는 문제도 그 구조를 해부하는 데서 해결의 실마리를 찾게 될 가능성이 높기 때문이다. 그러므로 오늘날의 윤리학은 많은 윤리 문제에 있어 우선은 사회 이론과 협력하면서 그런 문제의 구조적 배치를 끝까지 지켜보는 데서부터 시작해야 한다. 예를 들면 도덕이나 정의 그 자체에 관해 묻기 전에 그러한 물음의 위치가 사회 이론적으로 확인되지 않으면 안 된다. 그러한 물음의 완전무결한 구조야말로 탈형이상학을 지향하도록 운명지어진 윤리학이 생존해가는 길을 확실한 것으로 만들어준다고 본다.

2. 법과 도덕은 일치해야 하는가

에 구 치 아 쓰 히 토

테제 법은 도덕과 엄격하게 구분되어야 한다

안티테제 법과 도덕은 분리될 수 없다

**법과 도덕을
둘러싼 아포리아**

법실증주의자legalist는 이렇게 말한다. "법은 도덕과 엄격하게 분리되어야 한다. 법은 고유의 논리에 따라 운용되어야 한다. 그렇지 않으면 법적 객관성이 훼손될 뿐 아니라 법이라는 이름으로 특정의 도덕관을 사회 전체에 강요하게 될 것이므로"라고.

이에 대해 자연법론자naturalist는 다음과 같이 주장한다. "법과 도덕을 분리할 수는 없다. 법의 도덕적 중립성을 고집하는 것은 윤리적으로 무책임한 태도다. 외견상으로는 법이지만 지나치게 부도덕하다면 타당성을 가질 수 없기 때문이다"라고.

여기서 우리에게 익숙한 '악법론'이 시작된다. 도덕적으로 나쁜 법이라도 법이라고 불러야 하는가? 이는 소크라테스 사후 수천 년이 지난 지금도 여전히 난제이며, 20세기 중반에도 나치즘 법제에 대한 반성을 통해 재현되었던 아포리아이지만 아직도 해결을 보지 못했다. 오히려 문제는 점점 더 착종될 뿐이다. 사람은 도덕이나 양심의 이름으로 법을 거절할 수 있는가?(시민 불복종이나 양심적 병역거부) 합법적이지만 부도덕적/도덕적으로 허용되어야 할 불법을 어떻게 평가할 것인가?(일반적으로 길에 쓰러져 있는 사람을 못 본 척 지나치는 것은 불법이 아니지만 도둑맞은 물건을 자신의 힘으로 되찾아오는 것은 불법이다.) 법이 도덕적으로 다수파가 소수자를 억압하는 도구로 전락하지 않도록 하는 조건은 무엇인가?(포르노, 임신중절, 동성애) 과연 법학계에선 난문 중의 난문이라 불릴 만한 것들이다.

법과 도덕은 서로 '분리 독립'해야 한다는 입장과 양자는 서로 '분리할 수 없는 일체'로 파악해야 한다는 입장 간의 모순을 인정하고 어쨌든 양쪽 모두 정론이라 말하고 싶기도 하다. 우리는 이 아포리아를 타개하기 위해 어떤 전략을 세워야 할까? 기치가 선명한 정공법을 취하는 것도 나쁘지는 않을 것이다. 그러나 여기서는 의도적으로 법과 도덕을 둘러싼 이 오랜 아포리아가 논쟁의 출발점이 된 문제 설정 그 자체에서 유래하는 것은 아닌지 생각해보자. 이것인가 저것인가 하는 양자택일적 사고방식이 필요 이상으로 논의를 경직화시키는 요인은 아닐까?

법과 도덕의 관련성을 둘러싼 종래의 논의는 크게 나누면 다음의 세 가지 축으로 전개되어왔다. 즉, ①양자의 구별 기준은 무엇인가, ②도덕을 법화할 수 있는가, ③법을 도덕화할 수 있는가 하는 문제에 관한 것이다. 각각에 대해 좀더 깊이 있게 생각해보자.

법과 도덕의 구별: 개념 실체화의 기만성

법과 도덕을 구별하는 기준에 관해서는 도덕의 내면성(내적 동기 지향)과 법의 외면성(외적 행위 지향)이라는 아주 유명한 정식이 있다. 이를 필두로 그 귀결로서 도덕의 자율성과 법의 타율성, 의무론적 체계와 권리론적 체계, 보편적 타당성과 역사상대적 타당성, 목적 지향성과 수단 지향성, 강제력의 유무(의무를 목적으로 하는 구속과 외적 강제를 수단으로 하는 구속), 제도화된 2차 규칙의 유무(단순화하면 전문직과 공식결정 기관의 유무)와 같은 다양한 정의가 제창되어왔다. 이것들을 대담하게 단순화시켜 말하자면 '도덕'이란 선을 지향하는 양심의 내적 명령(자율적 인격의 자기 구속)이고, '법'이란 불법적 행위를 금하는 주권자의 외적 명령(민주제에서는 치자이면서 피치자인 시민들의 상호 구속)이라 할 수 있다.

큰 틀로서는 이렇게 정의하면 된다. 그러나 거기에는 조건이 있다. 우리는 늘 도덕적/법적 규범 체계가 선험적으로 실재하는 것처럼 생각하지만 그렇지 않다. 양자에게 마치 상자가 준비되어 있듯이 고유 영역이 마련되어 있고, 개개의 규범적 언명을 올바르게(그 본성에 비추어) 어느 한쪽 상자에 넣기 위한 기준을 정하면 문제가 해결될 것으로 생각한다. 물론 이것도 그렇지 않다. 두 상자의 배치관계(분리 독립, 교착, 포섭, 단계적 기초 정립)나 양자의 본래적 우열관계를 확정하는 것이 궁극적인 목적도 아니다. 왜냐하면 그러한 상자가 미리 준비되어 있다는 전제 그 자체가 의심스러운 일이며, 양자의 관계를 한번 확정지어버리기만 하면 이 구도를 축으로 규범적 언명을 나눌 수 있다고 상정하는 것도 그다지 현실적이지 않기 때문이다.

'타인에게 위해를 가해서는 안 된다'라는 외적 행위를 규율하는 규범적 언명은 도덕적으로도 유의미하며(타인에게 피해를 주지 말라), '정직하라'

는 내적 동기를 중시하는 규범 또한 법과 완전히 무관하지는 않다(신의 성실의 원칙·허위 표시의 무효 등). 대부분의 경우, 개개의 규범적 언명을 그 규제 대상이나 규범 내용에 비추어 객관적으로 올바른 귀속 장소로 배분할 수 있다는 생각 자체가 유치한 발상인 것 같다. 도덕과 법의 구별은 그 규제 대상의 특성이라기보다 오히려 해당 규범의 지향성이나 존립 형식에 있어서, 즉 규범적 커뮤니케이션의 모드 차이(기본 코드로서 합법, 불법을 사용할까? 선/악을 사용할까?)와의 상관관계 속에서 이해되어야 한다. 우리는 동일한 사건이나 동일한 규범 명제에 관해 법적으로든 도덕적으로든 말할 수 있으며(예컨대 존엄사를 허용할 것인가 하는 문제에서는 합법적인 죽음과 좋은 죽음은 때로 완전히 다른 함의를 가질 수 있다), 양자 사이에 본질적인 또는 일반적인 우열관계를 설정할 수는 없다.

도덕의 법화: 법의 과대평가와 과소평가의 착오

도대체 법은 도덕을 강제할 수 있는가? 다양한 도덕적 판단 가운데 법에 따라 강제 가능한 것이 있다고 한다면 그 선별 기준은 무엇인가?

법에 의한 도덕의 강제를 시인하는 법적 도덕주의 legal moralism에는 법을 도덕의 수호자로 간주하고 부도덕한 행위는 모두 (경우에 따라서는 명문 규정이 없어도) 법적 제재 대상이 될 수 있다고 보는 엄격한 차원에서부터, 실정법에 편입된 도덕관념을 최대한 중시하여 법을 해석하는 차원, 적용해야 할 조문이 불명확한 사례에 한해 현행 법 체계의 배후에서 작용하는 도덕률이나 구체적인 개별 도덕 판단을 흡수하고자 하는 유연한 차원까지 극히 다양한 것이 포함되어 있다. 현대사회에서는 부도덕이 곧 불법이라며 극단적인 주장을 하는 사람은 크게 줄었지만,

법과 도덕의 결합을 완전히 부정하는 극단적 법실증주의자들도 거의 없다. 아마 현실적 이해는 양자를 극으로 하는 중간 지점에서 구해야 할 것이다.

법적 퍼터널리즘paternalism(가부장주의. 지배와 보호의 특질을 가진 사회관계)이 문제가 되는 국면을 생각해보면 사태는 한층 더 명백해진다. 퍼터널리즘이란 '본인에게 좋다'는 것을 이유로 사생활에 간섭하는 것을 말하며, 이른바 피해자 없는 범죄(무리하게 말하면 본인이 피해자인 도박, 마약, 포르노와 같은 범죄)를 규제하는 근거의 하나로 여겨지지만 여기에도 도덕적 판단이 미묘하게 개입됨을 알 수 있다. 왜냐하면 부도덕은 곧 불법이라고 단정지을 수는 없기 때문이다. 퍼터널리즘도 종류가 많다. 사람을 직접적인 위험에서 보호하기 위한 퍼터널리즘(안전벨트 착용의 강제, 수영금지구역의 설정 등)과 비교하면, 피해자 없는 범죄는 '본인에 대한 위해'가 그렇게 명백하다고는 할 수 없는 사례에 사회적으로 개입하는 것을 정당화하기 때문이다.

지금까지 법학계에서는 법적 결정의 타당성(사람들의 반半자동적인 학습효과)을 암묵적으로 전제하기 때문에 특히 도덕적 판단에 간여할 때에는 사전의 신중한 음미와 자제를 요청하는 경향이 있었다. 그러나 법적 결정은 실제로 그만큼 구속력을 지니고 있는 것일까? 일단 법제화되면 특정 도덕관이 다른 가치를 압도하면서 유포된다고 생각하는 것은 정말 현실적일까?

법이 이렇다고 정하면 그것은 글자 그대로 관철된다는 견해는 법에 대한 '과대평가'이며 그다지 현실적이라 할 수 없다. 왜냐하면 모든 법규범은 크든 작든 그것이 참조한 현장 상황에 따라 정리되지 않을 수 없으며, 한편으로 법이 전문가들의 의도대로 관철되는 것이 사회적으로도 늘 바람직하다고는 할 수 없기 때문이다. 하물며 그것이 특정한 도덕 판단을 명하거나 훈시하거나 그들의 우열을 판정·선별하는 커뮤니케이션과 결합하는 경우에는 우리가 법 전문가에게 그러한 능력이나 권한을 인정한 기억이 없다고 반론할 수 있다. 또, 예컨대 특정한 도덕 판단이 법적으로 인정된다 하더라도 우리가 그것을 무조건 따라야 하는 것도 아니고, 스스로의 도덕적 입장을 곧바로 수정·폐기할 필연성도 없다.

이것은 동시에 법에 대한 '과소평가'를 재검토하도록 요구한다. 기존에는 법의 안정성이나 일어날 수 있는 시나리오를 미연에 방지해야 했고, 법 규정으로서의 일원성을 과도하게 강조하는 견해가 당연시되는 경향이 있었다. 그러나 법제도 운용상 유용한 시나리오라면 몰라도, 실제로 현실이 시나리오 그대로라고 생각하는 것은 적절하지 않다. 법에는 다양한 차원과 기회가 열려 있다. 그렇다고 경찰이나 법원을 염두에 둔 권력 통제나 가치학습의 강제를(물론 등한시할 수는 없지만) 필요 이상으로 과대평가하는 것은 바람직하지 않다. 법을 권위적인 사회제어 장치로만 이해하는 것은 법이 단층적인 것이 아니라 다층적이고 유연한 구조임을 이해하지 못하는 것과 표리일체를 이룬다. 법은 규칙으로써 직접 도덕을 강제하지 않더라도 그 외 다양한 방법으로 도덕과 관계를 맺을 수 있고, 오늘날에야말로 이를 위한 노력이 요구되고 있다.

법적인 결정 전부가 반드시 말 그대로 사회에 관철될 것이라 기대할 수는 없다. 또, 항상 똑같이 관철된다고 좋은 것도 아니다. 법조문이 그대로 관철되지 않는 것은 법에 있어서 비정상적인 사태도 아니며 곧바로 법에 대한 신뢰를 실추시키는 함정도 아니다. 앞으로도 법에 의한 통제, 금지적 운용이 계속 필요하겠지만, 동시에 또 그 이상으로 법의 사회 지원, 관계 형성적 운용에 대한 요청이 높아지고 있다. 법은 사회의 다양성과 동시에 스스로의 다양성과도 공존할 수 있는 복합적인 관점을 지니지 않으면 안 된다. 그리고 그런 경우에만 법이 도덕적 판단에 간여할 위험성은 상당 부분 해독될 수 있을 것이다.

법의 도덕화: 일원적 사고의 착오

도덕은 법을 조절할 수 있는가? 만약 도덕이 법의 효력을 제한하거나 부정할 수 있다면 그 판정 기준은 무엇인가?

종래의 논의를 살펴보면 입구와 출구의 차이는 있지만 어떤 형태로든 도덕적 판단의 우선성을 가정하는 경향이 있다. 예를 들면 '도덕적으로 나쁜 법은 원래 법이 아니다' '그것도 법이지만 양심에 비추어 거부할 수 있다'는 식의 가정이다. 궁극적으로 도덕적 판단이 법적 결정을 깨뜨릴 수 있다고 생각하는 점에서는 큰 차이가 없다. 그러나 이러한 궁극적 우선 원리로서의 도덕이라는 견해에는 마땅히 그럴 만한 근거가 있을까? 법은 권위적 결정(의회제 민주주의나 재판 제도에서도 기본적으로는 마찬가지임)을 기반으로 정립된 사회통합 장치이며, 실정법이 도덕적 평가를 통해 조정되지 않을 때 권력적으로 폭주할 위험성을 감추고 있는 것은 분명하다. 그렇다면 법에 대한 제어, 수정 원리로서 도덕을 이해하는 것은 충분히 의의가 있다. 그러나 법에 실패가 있다면 도덕에도 실패가 있을 것이다. 도덕이라는 비장의 카드에 호소하기만 하면 항상 보다 정당한 판단에 이르리라고 볼 순 없다. 원래 법이 자기 점검 기능을 결여하고 있다면 그 자체가 불건전한 것이며, 법의 완전하지 못한 그 기능을 교정해야지 곧바로 도덕적 판단으로 전환하는 것은 결과적으로 법의 자기 수정 기능을 면책하는 결과가 될 수도 있다.

법과 도덕의 구분을 규범적 담론의 '어조' 차이로 이해할 때 지금까지 도덕이라는 개념으로 묶어온 규범적 커뮤니케이션 또한 내부에 다양한 모드를 포함하는 다양태라는 것이 판명된다. 개인 도덕(양심·선의지에 대한 의무)과 사회 도덕(전통·관습·관행·상식 등 공동생활에서의 의무)이라는 상투적인 구별을 필두로 법과의 관련성을 더욱 중시하여 유형화하면 법을 초월한 보편 도덕(보편 도덕에 반하는 법은 법이 아니다)과 법 내재적 실정 도덕(내부 도덕이 붕괴된 법체계는 법이라 부르지 않는다), 법 외재적 사회 도덕(사회 도덕에 반하는 법은 타당하지 않다)과 법 외재적 개인 도덕(개인의 양심에 반하는 법에 따를 의무는 없다)과 같은 구별도 가능할 것이다. 그러나 여기서도 어떤 유형이 도덕에 대한 최선의 정의인가 하는 물음을 던지는 순간 논의는 지나치게 일원화되어 비건설적인 것이 되어버린다. 담론이 이루어지는 구체적 맥락에 따라 도덕의 실제 의미는 달라지기 때문이다.

단, 다양한 도덕적 담론이 어느 정도까지 법실무적 담론과 접속할 힘을 가질 수 있는가 하는 관점이 중시될 때는, 이 둘이 같은 가치를 지닌다고 할 수 없다. 법은 도덕적 판단을 법적으로 인정할 수 있으며 실제로 그렇게 하고 있다. 그러나 그 일차적 근거는 도덕적으로 옳다는 것이 아니라 당장 법 스스로가 법적으로 인정했다는 점을 준거로 한 것에 불과하다. 어떤 도덕적 언명이 법적으로 평가할 만한 가치가 있다거나 혹은 법적 판단에 적합하지 않다는 이유로 배제되었을 때, 그것 또한 법이 책임져야 할 하나의 법적 결정인 것이다. 선/악의 코드는 법의 프로그램에 기생하고 그것을 동태화動態化하는 잠재적 가능성을 감추고 있지만, 법 시스템 내부에서 합법과 불법 코드를 기각·대체할 수 있는 것은 아니다. 즉, 법 시스템은 우선 법의 고유한 관점에서 현행법에 대한 도덕적 평가를 평가·선별하고 있는 것이다.

한편, 도덕은 도덕 나름대로 다원적인 위상을 설정하고 그러한 법 시스템에 의한 타자 평가와 자기 평가를 재차 시행할 수 있다. 그러한 상호 평가의 충돌과 순환 과정이야말로 분쟁·대립의 위험을 수반하면서도 법과 도덕의 관계를 풍부하게 할 기회를 재생산하고 있다. 문제의 핵심은 환경 제어 능력의 고도화보다 오히려 '이질적인 것'에 대한 체감도 향상에 있다. 그 자체로 다층적이고 유연한 구조를 갖춘 법이 마찬가지로 중층적이고 다원적인 도덕과 공존하기 위해 어떻게 해야 할지를 현실에 비춰 철저하게 고찰하는 것, 규범적 커뮤니케이션을 가능한 한 다원적으로 공존시키기 위한 구체적 장치를 우리 일상생활의 커뮤니케이션에서 하나하나 발굴해가는 것, 이것이야말로 지금 우리가 탐구해야 할 시급한 과제다.

다원성과의 공존을 향해

이처럼 법과 도덕은 그렇게 강고한 결합체는 아니며, 양자의 충돌은 복합적이면서 동시다발적인 전선을 형성한다. 합법적이지만 부도덕하거나, 불법적이지만 도덕적으로 시인되는 행위도 끊임없이 떠오를 것이다. 또 법과 도덕 어딘가에 우선권을 부여하고자 해도 그 자체가 다시 법적 혹은 도덕적 평가 대상이 될 수 있다. 예컨대 대리모, 임신중절, 뇌사자 장기이식, 존엄사 등의 문제를 입법화하기만 하면 모든 문제가 해결될 수 있다고 생각하는 것은 명백한 잘못이다. 합법적일지 모르지만 도덕적으로는 그 행위를 허용할 수 없다는 사람들의 판단을 법은 금지할 수도 봉쇄할 수도 없다(법은 기껏해야 폭력적 중상을 금지하는 정도다). 혹은 '특정한 도덕관을 법의 힘으로 강제하는 것 자체는 도덕적인가?'라고 되물어도 좋을 것이다. 법과 도덕은 구별되어야 하며 실제로 구별되고 있다. 물론 양자가 무관할 수는 없다. 법과 도덕은 모두 우리가 일상생활 속에서 서로 주고받는 규범적 담론을 공통의 모태로 하고 있으며, 바로 그러한 커뮤니케이션 현장에서 재생산되고 있기 때문이다.

이리하여 문제는 다음과 같이 변환된다. 원래 어떤 규범적 명제를 법적으로/도덕적으로 말한다는 것은 어떤 의미인지, 거기서 어떤 차이가 발생하는지를 현실적으로 철저하게 밝히는 쪽이 먼저라고. 이미 만인이 공유하고 있는 확고한 가치관에 의존하지 않는 이상 법과 도덕의 일반적 우열관계를 확정하기보다는 오히려 고유한 특성을 지닌 다양한 '발언' 가능성을 열어두는 편이 규범적 커뮤니케이션을 총체적으로 활성화하는 데도 유익할 것이다. 이러한 질문은 점점 더 다양화되고 있는 현대사회에서 우리(다양태로서의 인격)가 그러한 규범적 다원성과 공존하기 위해 어떻게 해야 하는가라는 물음과 중첩된다. 집요하게 생산되는 일원적이고 가장 그럴듯한 스토리로의 유혹에서 가능한 한 벗어나고, 어떤 단계에서의 결정을 가능한 한 잠정적인 것으로 유보하면서, '다원적인 것'과 중층적으로 교류하는 것은 꽤 힘든 작업이지만 이미 그 길을 피해갈 수는 없다.

저마다의 현장에서 항상 다른 가능성을 염두에 두고 어디선가 일반화 가능성을 의식하면서 일단 판단을 거듭해가는 것. 그러한 규범적 커뮤니케이션 방법을 따르면서 계속 대화하는 것. 이 부분이 법과 도덕에 관하여 말하는 포럼 제1막의 무대 설정으로 적절하지 않을까?

노리코 결국 법과 도덕은 서로 겹치는 거야, 아니면 완전히 다른 거야?

EG 그런 양자택일을 강요하는 것 자체가 일단 지나치게 단순해서 문제라고 생각되는데.

요시오 음, 법과 도덕도 다양하다는 것은 알지만 그렇게 해버리면 아무것도 해결하지 못하는 게 아닐까?

EG 그러니까 '일단'이라고 하잖아. 법에 관해서도 도덕에 관해서도 어떤 시점에서의 결정을 절대화하지 않는 것이 필요하다는 거지. 그렇게 하기 위해서는 우리 사고 틀을 다원화해두는 것이 좋아.

노리코 그런 것을 '편의주의'라 하지 않나?

EG 물론 원리원칙을 완전히 무시하자는 것은 아니지만 실제로 결정하는 쪽은 법이나 도덕을 참조하는 당사자들의 그 때, 그 장소의 상황에 따른 구체적 판단이겠지. 그런 판단이 절대불변일 리 없으니 제도 면에서도 이에 대응할 유연성을 가져야 하는 거지.

요시오 미리 이것일까 저것일까 선을 그어두는 것도 생각만큼 쉽지 않다는 거야?

EG 그래, 우선은 다양한 것을 서로 포용하는 '기법'을 현실의 규범적 커뮤니케이션으로부터 발굴해나가는 거지. 그것이 법이나 도덕에 어느 정도 환원되는가 하는 것은 그 나름대로 중요하지만 이차적인 문제니까.

노리코 여전히 납득이 되지 않는걸. 음, 우리도 이것저것 생각하고 있으니 다시 논의해봐.

오오카 재판

일본 무용담에 오오카 에치젠노카미大岡越前守라는 수령의 '오오카 재판'이 전해지고 있다. 친모와 계모가 한 아이를 두고 서로 자신의 아이라고 주장하자 오오카는 두 사람에게 "그럼 양쪽에서 손을 잡고 끌어보시오. 이기는 쪽에게 아이를 주겠소"라고 했다. 양쪽에서 끌어당겼지만 한쪽 여인이 아이가 아파하는 것을 보고 바로 손을 놓아버렸고 판관은 그녀에게 아이를 건네주었다.

이와 비슷한 이야기가 유대인에게도 있다. 이 이야기와 거의 같은 것이 『구약성서』 「열왕기 상」 3장에 나온다.

그런데 이것은 어디까지나 (개별) 규칙에 따라 판결을 내리는 것과 대비되는, 규칙에 얽매이지 않고 '지혜'로써 최선의 판결을 이끌어낸 경우라 할 수 있다. 약간 무리해서 현대의 실제 재판과 관련짓는다면 일본에서는 가토 이치로나 호시노 에이이치 등이 전개한 이른바 이익형량론이 이러한 지혜 중시에 가깝다. 또 막스 베버의 『법사회학』에서도 다루고 있는 '빵가게 아저씨 아놀드 소송 사건'을 예로 든다면, 프리드리히 대왕의 입장 역시 근대법의 기본 발상인 '형식적 합리성'에 대한 '실질적 합리성'의 추구라는 베버 자신의 관점에서 보면 오오카와 아주 유사하다고 할 수 있다.

윤리학 고유의 문제로서 이것은 예를 들면 칸트를 전형으로 하는 '규칙 윤리학'에 대해 최근 눈에 띄게 부활한 '덕의 윤리학ETHICS OF VIRTUE' '덕윤리학VIRTUE ETHICS'(풋PH. FOOT, 매킨타이어A. MACINTYRE, 윌리엄스B. WILLIAMS 등) 측에서 제기한 비판—로티의 '정당화적 법학주의 신화'라는 근대 윤리학 비판도 이 버전이라 할 수 있다. 또 하버마스 등의 '담론 윤리학'이 이 비판에 가장 적합하다—을 참조할 수도 있다(그러나 이런 지혜 중시에 대해 근대 윤리학은 바로 지혜의 해체·분열 가운데서 등장한 것이라는 반대 비판도 가능하다). 또 이와도 관련된 것이지만 윤리적 지知는 확실지確實知(에피스테메, 과학적 지식)가 될 수 없으며, 결국은 '엔독사ENDOXA'(통념)에 의거하지 않으면 안 된다고 하는 아리스토텔레스적 주장을 증거로 제시할 수도 있다.

3. 영리 행위는 악인가

사 토 야 스 쿠 니

테제 **영리 행위는 도덕적으로 모두 악이다**

안티테제 **영리 행위는 악이 아니다**

　기독교 회화 가운데 「신전의 상인들을 내쫓는 예수」라는 게 있다. 이것은 예루살렘에 들어간 예수가 상인들을 허리띠로 치면서 성전에서 몰아내는 광경을 그린 것이다. 여기에 표현되어 있는 생각이야말로 바로 다음과 같은 테제로 정식화될 수 있다.

영리 행위는 도덕적으로 모두 악이다

이자 취득을 비롯한 영리 행위 전체가 곧잘 교회로부터 의문시되었으며, 또 그 금융업이나 상업과의 깊은 관계 때문에 유대인이 차별받았던 사실이 떠오른다. 이런 사고는 기독교에 한정되지 않고 보편적 성격을 띠는 듯하다. 한자문화권에서 원래 사법권을 가진 '높은 전각高殿'

의 소재지를 의미하는 '상商' 자에서 '장사'라는 의미가 생겨난 것은 고대 상 왕조(은 왕조)가 멸망한 뒤 토지를 잃어버려 행상에 종사할 수밖에 없었던 상나라 유민의 비운과 결합되면서부터다. 또 유교 전통 속에서 살았던 사대부 계급은 적어도 표면적으로는 영리 행위로부터 초연해야만 했다. 플라톤의 이상국가에서 영리와 관련된 생산자 계급이 국가의 최하층에 놓였듯 에도시대 일본에서도 상인은 최하층민이었다. 어디 그뿐인가. 불과 수십 년 전 '가문'이라는 말이 아직 사어死語가 아니었을 무렵, 일본의 '제대로 된 가정'에서는 아이가 돈을 만지거나 밖에서 군것질하는 것을 금했으며, 프로야구는 대학야구보다 품위가 떨어진다고 생각했다. 지금도 돈에 관해 이야기하는 것은 천한 일로 여겨지며, 공적인 입장에 서야 하는 정치가나 관리가 영리 행위를 하는 것은 목숨과도 바꾸는 일이 된다. 또 여전히 과거의 국철과 같은 국영기업이 민영기업보다 공적이라고 믿고 있는 사람들도 있다. 그리고 19세기 이후 공산주의, 사회주의 사상이 자본주의를 탄핵할 때, 영리 행위 자체에 의혹의 눈길을 보냈던 것은 기억에도 새롭다. 그렇다면 왜 그렇게 생각되어온 것일까? 그 해답을 찾기 위해 위의 테제를 분석한 다음 일련의 하위 테제를 도출해보기로 한다.

(1) 영리 행위는 물질적 욕망에만 치중하게 한다

플라톤이 『국가』에서 생산자 계급을 최하층으로 분류한 이유는 바로 여기에 있다. 그리고 이것은 많은 종교적 금욕 윤리가 주장하는 바와 일치하며 동시에 문화인류학이 밝힌 미개사회의 습속이나 관념과도 일치한다. 말리놉스키B. K. Malinowski가 남태평양 군도에서 발견한 쿨라Kula 교역에서 당사자들은 교역의 대상이 된 목걸이나 팔찌에 대해 이해타산을 초월한 것 같은 태도를 보여야만 했다. 또, 저 포틀래치(미국 북서안 인디언들이 부와 권력을 과시하기 위해 연회를 열고 선물을 분배하는 행사— 옮긴이)에서는 물질적 욕구에 대해 담담할 수 있는 것이 부족사회에서 유력자의 자격으로 간주되었다. 영리적 동기를 배금주의라고 비난하는 경우, 이 물질적 욕망에 사로잡혀 다른 세련된 문화활동이나 사적 영역에서 애정이 풍부한 인간관계에 관심을 갖지 못하는 것이 특히 비난의 대상이 되었다. 학문을 위한 학문, 예술을 위한 예술, 돈으로 살 수 없는 명예나 우정, 순수한 사랑 등은 영리적 동기와 대항관계에 놓인다. 그러나 영리 행위에는 다음과 같은 면이 있다는 사실 또한 빠뜨릴 수 없다.

(2) 영리 행위에는 경쟁 원리가 따라다닌다. 이 경쟁 원리가 악이다

경쟁 원리와 공동체 원리는 근본적으로 서로 용납할 수 없다. 원시공동체 혹은 전통적 권위에 의해 강하게 규제되었던 가부장적 사회에서 개인의 영리 행위를 무제한 확대하는 것은 오래된 미풍양속을 뒤흔드는 것으로 비판을 받았으며 억압되었다. 같은 비판이 종교적 우애 윤리의 입장에서도 행해졌다. 그리고 이러한 사고는 근대 공산주의, 사회주의자들에게서 소생했다. 자유로운 경제활동은 반드시 격차를 낳고 노동에 대한 자본의 착취를 산출한다는 주장이 그것이다. 그러나 경쟁 원리는 영리 행위 고유의 것이 아니다. 그 외에도 군사적 경쟁, 정치적 경쟁을 비롯해 입시경쟁에 이르기까지 수많은 것을 헤아릴 수 있다. 이렇게 되면 영리 행위에만 특수하게 수반되는 악이 있어야 한다. 그것은 다음과 같은 테제가 될 것이다.

3. 영리 행위는 악인가

(3) 상인은 자주 사람을 속이고 비굴하게 아첨해 이익을 얻는다

상인의 활동은 평화롭게 진행되지만 바로 그렇기 때문에 역사적으로 다른 경쟁 원리, 예컨대 군사적 경쟁 원리로부터 경멸받아왔다. 군사적 경쟁 원리는 용감함, 명예심, 공적인 것에 대한 전적인 헌신 등의 덕목에 근거하고 있는 반면, 상인은 교활한 수단을 이용하여 사적인 이익을 얻으려 하기 때문에 경멸받은 것이다. 설령 부정한 수단을 쓰지 않았다 해도 상인이 이익을 위해 권력자나 고객에게 비굴하게 구는 태도는 윤리적으로 저급한 것으로 간주되었다. '무사는 굶어도 이를 쑤신다'(양반은 얼어 죽어도 곁불은 안 쬔다는 우리 속담과 유사함―옮긴이)는 말은 그 전형이라 할 수 있다.

이상으로 영리 행위를 악으로 간주하는 견해를 요약했다. 그렇다고 해도 영리 행위, 또 그것과 밀접한 관련을 가진 교역이 인류사에 등장하여 오랜 시간이 흐른 것도 사실이며, 그것을 한꺼번에 악이라 볼 수 없는 것도 당연하다. 그래서 이번에는 앞의 견해에 대한 안티테제를 제시하고 그것을 검토하기로 한다.

영리 행위는 악이 아니다 여기에 관해서도 몇 개의 하위 테제를 분석적으로 도출한 다음 고찰하기로 한다. 우선 처음에는 현실과 타협하여 마지못해 영리 행위를 인정하는 예다.

(1) 영리 행위 자체는 도덕적으로 칭찬할 만한 것이 못 되지만 사회를 유지하기 위해서는 일정한 규제 아래 그 존재를 용인해야 한다

토마스 아퀴나스의 사상이 그 예인데, 거기서는 신을 정점으로 하는 계층질서 안에서 영리 행위나 재산 소유도 필요한 것이라는 형태로 자리매김된다. 그래도 확실히 상인의 신분은 낮았으며 또 축재를 자기 목적화하는 것을 경계했다. 나아가 카리타스caritas의 원리(모든 기독교도는 자기 신분에 맞는 생계 유지에 필요한 그 이상의 수입을 가난한 사람에게 보시하지 않으면안 된다고 하는 자애의 원칙)도 요구되었다. 그러나 한편으로는 고리대금업에 대해서조차 금리 취득 그 자체는 악이지만, 악인의 죄 때문에 선인에게 편의를 제공하는 것까지 금해서는 안 된다는 장황한 구실을 대며 사실상 용인했다. 이러한 태도는 전통적 질서가 지배하던 전근대 사회에 공통적으로 허용되었던 사고라 할 수 있을지 모르지만, 그러나 같은 전근대사회에 속하면서도 다음에 검토할 이시다 바이강 등의 사상은 영리 행위를 가장 적극적으로 옹호했다. 에도시대 중엽 오규 소라이처럼 농본주의적 이상을 설파한 사람과는 달리 바이강은 유교 개념의 틀을 따르면서도조닌(도시 상인)의 영리활동을 적극적으로 긍정하는 사상을 펼쳤다. 상인이 매매를 통해 이익을 얻는 것은 무사가 봉록을 받는 것과 마찬가지로정당한 것이다. 상인이 이익을 얻으며 매매를 완수한 결과 재화가 유통될수 있고 사회에도 도움을 줄 수 있다. 확실히 이 상인의 이익은 고정된 것이 아니라 시세에 따라 변동한다. 그러나 매매 행위를 통해 "하늘이 이루는 바는 상인의 사사로운 것이 아닌 것"(『도비문답都鄙問答』)이다. 이처럼 정당한 상행위로 이익을 얻는 것은 부당하게 이익을 탐하는 것과는 다르다. 상인뿐만 아니라 사·농·공에게도 동일한 도가 있으며 그 도는 어디까지나 하나다. 이것을 테제 형태로 만들면 다음과 같다.

(2) 영리 행위는 악이라 할 수 없다

바이강도 무사가 상인 계층을 지배하는 특권을 누리는 것을 부정하지는 않았다. 그렇다면 그가 영리 행위를 옹호했다 해도 아직 막부 체제를 넘어선 것은 아니라고 평가해야겠지만, 그러나 여기서 획기적 의의를 도출할 수 있다는 사실은 부정할 수 없다. 여기에는 확실히 바이강과 동시대에 활동했던 존 로크나 애덤 스미스의 자본주의 사상과 비슷한 맹아가 보이기 때문이다. 그렇다면 그 영리 행위를 전면적으로 긍정한 자본주의 윤리란 어떤 것인가?

막스 베버의 프로테스탄티즘 윤리, 특히 예정설(인간 개개인의 구원은 인간의 행위나 노력에 의해 이뤄지는 게 아니라 하느님의 의지로 미리 정해진다는 기독교의 주장—옮긴이)이 자본주의를 확립하는 데 기여했다고 보는 학설은 널리 알려져 있다. 이 학설이나 어떤 형태로든 프로테스탄티즘을 정신적 배경으로 삼아 등장한 로크의 사상, 즉 가치를 생산하는 유일한 원천을 노동으로 보는 사상이 의미하는 바는 바이강의 생각을 더욱 확장시켜 다음과 같은 사고틀을 형성하게 했다고 할 수 있다.

(3) 영리 행위는 적극적으로 선이라고 인정해야 한다

그리고 이를 학문적으로 증명한 인물이 애덤 스미스다. 스미스의 『국부론』에서 기초 단위가 되는 것은 개인의 최대 이익을 추구하는 영리활동이다. 그는 봉건적 직업조합이나 중상주의 경제정책에 대항하여 영리 행위의 자유를 주장함과 동시에 그 자유로운 영리 행위 위에 성립하는 시장 법칙을 학문적으로 탐구했다. 여기서 명기해야 할 것은, 이 자유로운 영리활동을 전면적으로 긍정한다는 사고가 스미스에게서는 또 한 편의 대표작인 『도덕감정론』에서 도덕 판단 근거를 개인의 내면적 법정에서 구하고자 한 것과 중첩된다는 사실이다. 공통점은 그것만이 아니다. 도덕적 판단의 기준을 개개인의 도덕감정에 맡기면 윤리적 혼란이 일지 않겠는가 하는 의혹에 대해, 스미스는 인간의 지식을 초월한 지성, 즉 '보이지 않는 손'의 조정 작용으로 대답했는데 같은 개념이 『국부론』의 키워드로 등장하는 것은 아주 잘 알려져 있다. 그 책에서 스미스는 다음과 같이 말한다.

"그는 보통 사회 일반의 이익 등을 추구하고 있는 것도 아니며, 또 자신이 어느 정도 사회의 이익을 증진시키고 있는지도 모른다. 그리고 이 경우에도 다른 많은 경우와 마찬가지로 보이지 않는 손에 이끌려 그가 의도하지 않았던 목적을 수행하고 있는 것이다. 더욱이 그가 의도하지 않았다는 것이 사회적으로 결코 나쁜 일은 아니다."

스미스에 따르면 자본과 노동의 관계에 있어서도, 자본의 규모가 확대되고 있는 어떤 사회에서는 자본 간 경쟁이 자본의 이윤율을 낮추어 결과적으로 노임을 상승시키는 효과를 가져온다고 한다. 그러므로 다음과 같이 말할 수 있다.

(4) 개인의 영리 행위는 공공의 이익으로 연결된다

이 사고야말로 영리 행위를 옹호하는 이론으로서 결정적으로 중요하다. 다만 여기서 유의하지 않으면 안 되는 것은 스미스가 집요하게 맨더빌Bernard de Mandeville의 "사악私惡은 공익을 산출한다"라는 생각—자칫하면 스미스와 동질의 것으로 간주되는 생각—을 비판한 점이다. 스미스의 윤리학에서 도덕적 판단은 어디까지나 결과적으로 사회적 이익과 무관한 '공평한 관찰자'의 입장에서 공감할 수 있는가 하는 것이 기준이 된다. 그리고 그것과 마찬가지로 시장 원리가 성립하기 위해서는 자신의 욕구를 충족시키기 위해 물자를 교환하고자 하며 낭비보다는 절약을 선호하고 근면하게 일하는 개인이 전제되어 있다. 그리고 무엇보다 그것은 근대 윤리의 최고 덕목인 자유와 깊이 결합된다. 거기로부터 다음과 같이 말할 수 있다.

(5) 영리 행위에 수반되는 경쟁 원리도 도덕과 양립한다

『도덕감정론』에는 매우 중요한 이기심의 대상—왕에게는 영토, 시민에게는 직위나 재산, 국회의원에게는 당선, 상인에게는 부—을 획득하기 위해 전력을 다하지 않는 인물에게 사람들은 공감할 수 없으며, 비겁자로 간주될 뿐이라는 구절이 있다. 학문·예술 분야에 관해서도 같은 말을 할 수 있다. 스미스는 경쟁 원리가 봉쇄돼버린 옥스퍼드대에서 교수들이 이제는 "가르치는 흉내조차 내지 않았다"며 통렬하게 비판했다. 예술품을 경매에 부치면 엄청난 가격에 팔리는 것을 비난하는 사람에게도 같은 말을 할 수 있다. 그 비난도 예술품의 경매가 군주나 교회 전속 장인이 아닌, 독립적인 예술가를 탄생시켰다는 의미를 포함하고 있다는 사실을 잊어버린다면 초점을 벗어난 감상으로 끝나고 말 것이다.

18세기 후반에 나타난 스미스의 이러한 사고는 오늘날까지 영리 행위를 옹호하는 주장의 거의 전부를 말한 것처럼 여겨진다. 하이에크 같은 사람의 주장도 이 연장선 위에 있다. 반면 사회주의, 공산주의 사상은 자본주의의 어두운 면을 탄핵한 것인데, 그러나 영리 행위를 옹호하는 입장에서 보면 그것은 자본주의 고유의 것이라기보다 그 미성숙, 혹은 그 기능의 불완전성에서 기인한다고 할 수 있다. 적어도 큰 희생을 치른 뒤에 현재 단말마의 시대를 맞이하고 있는 사회주의 실험의 무참한 결과가 그것을 역으로 증명해주고 있다는 점은 아이러니하다. 그리고 다시금 자유로운 영리 행위를 허용하기 시작한 구사회주의 국가 가운데 경제 파탄에 빠질 수밖에 없었던 곳들은, 시장경제가 단순한 국가권력의 강제적 철폐라고 하는 소극적 전제만으로는 원활하게 작동하지 않으며 오랜 역사 속에서 이기심과 이타심이 복잡하게 뒤얽혀 완성된 질서(하이에크는 이를 자생적 질서라 부름)를 필요로 한다는 것을 깨닫게 되었고, 중국처럼 성공리에 '개혁개방 노선'을 걷기 시작한 지역에서는 그 개혁의 낙오자들조차 이미 인민복 아래에서의 평등 따위에는 넌더리를 내는 실정이다. 어쨌든 지금 세계의 존재 양상을 결정짓는 요인으로는 군사적·정치적인 것보다 경제적 요인이 중요하다는 것, 따라서 한 인간으로서 자립하기 위해서는 이 경제적 경쟁을 견뎌내야 한다는 것이 당연하다는 정도는—마르크스의 사상을 비웃는 형태로서이기는 하지만—보통 사람들도 확실히 깨닫고 있다. 그렇다면 결론은 영리 행위 옹호론이 유리하게 보이겠지만 그럼에도 다음과 같은 사항을 보충해둘 필요가 있다.

(a) 자유로운 영리 행위 옹호론이 현대사회에서는 불가피한 결론이라 해도 인류 역사 전체적으로 보면 오히려 예외적인 것이며, 따라서 항상 종교적 우애 윤리나 가부장적 윤리, 또는 귀족지향적인 원리에 의해 반박될 가능성이 있다. 또 그것이 어느 정도 정당하다는 것도 부정할 수 없다. 그리고 이 낡은 윤리의 얼마간은 얼핏 보면 그것과는 역으로 보이는 시장 원리가 성립하고 기능하기 위한 감춰진 전제가 되는 경우도 있음을 잊어서는 안 된다. 시장 원리의 장점을 향유하기 위해서도 어떤 형태로든 그것에 적대적인 것처럼 보이는 질서를 보강할 필요가 있다.

(b) 영리 행위 그 자체는 인류를 불가피하게 따라다니는 경쟁 원리를 평화적 경쟁 원리로 바꾸었다고 말할 수 있다(칸트는 『영구평화론』에서 그에 대해 언급한 바 있다). 그러나 일찍이 제국주의 전쟁이 그러했듯이 쉽게 군사적 투쟁과 결합할 가능성을 감추고 있는 것에 대한 경계도 늦춰서는 안 된다.

(c) 영리 행위에 기초한 시장질서는 만성적인 생산 과잉과 수요를 창출해내는 낭비와 욕구의 확대 위에 성립해 있다. 당연히 그것은 생태학적 위기를 초래하는 성격을 지닌다. 환경보호를 단순히 영리 행위의 적대자 위치에 두는 것이 아니라 시장 원칙 안으로 흡수할 수 있는 제도나 이념의 확립, 기술 개발에 성공하지 못한다면 언젠가 이 체제는 파탄에 이를 것이다.

4. 개인의 책임인가, 단체의 책임인가

시 미 즈   마 사 유 키

테제 개인이 속한 단체에 전가할 수 없는 개인의 책임이 있다

안티테제 개인에게 환원 불가능한 단체의 책임이 있다

**아포리아의
의미**

이 아포리아는 우리의 일상적인 도덕적 현실 속에서 그다지 친근한 물음이라 할 수 없다. 친근한 물음에서 한 걸음 물러나 있는 '규범적' 물음 혹은 메타 윤리적 물음이라 생각된다. 우리는 도덕적 현실 속에서 타인이나 조직, 예컨대 기업이나 관청의 행위와 그것에 부수되는 태도를, 어떤 경우엔 책임을 다했다고 칭찬하고 또 어떤 경우엔 책임을 전가시켰다든가 무책임하다고 비판한다. 도덕적으로 미성숙하지만 정신적 문제가 없다면 자기 행동에 따른 결과에 책임을 지는 한편, 타인의 행동 결과에 대해서도 책임을 지게 하는 것이 상식이라고 여긴다.

예부터 다양한 윤리학적 입장이 책임이라는 관념을 다각도에서 다루고 논의해왔지만 일상적인 도덕 현실은 소박한 응보주의적 태도를 취해

왔다고 할 수 있다. 책임을 예컨대 형벌에 대한 책임에 한정시키고자 하는 공리주의적 입장도 그러한 일상의 도덕적 현실 그 자체로부터 몸을 뺄 수는 없다. 그 수준에서 책임을 물을 때 우리는 스스로의 행위, 또는 타인과 관련된 행위 속에서 책임의 형태를 구체적으로 묻는 일을 반복하게 된다. 그러한 구체적이고 실천적 행위 앞에서 그것에 우선하여 책임이란 무엇인지를 물을 수는 없다.

이런 의미에서 서두의 안티노미는 말 그대로 우리 주변에서 일어나는 일이라고 할 수는 없다. 예를 들면 조종사의 실수로 항공기가 추락했을 때, 회사의 훈련 시스템이나 관리 미비로 인해 사고가 일어났다면 조종사 자신이 아니라 항공회사가 관리 책임을 져야만 하듯이, 실제로 어떤 행위의 책임을 특정 개인과 개인이 속한 단체에 어떻게 배분해야 하는지를 법률적 귀책 혹은 법 해석상의 결의론決疑論(개개의 도덕 문제를 법률 조문식으로 규정한 도덕법으로 해결하는 방법―옮긴이)으로 논의할 경우, 서두의 안티노미는 현실적으로 양립하는 형태가 되기 때문이다. 그럼에도 여기서 이러한 형태로 거론하는 것은 이 안티노미를 윤리 문제로 보기 때문이다. 그리고 이때 이 문제는 개인과 개인이 속한 단체, 또는 공동체와의 의사결정 방식이나 기능의 규범적 본질을 묻는 그 자체가 규범적 물음이 된다.

처음부터 찬물을 끼얹는 격이 되었지만, 그러나 또 위에서 기술한 현실적 배분이 바르게 또는 설득력 있게 제시되기 위해서는 규범적 의미를 가져야 한다는 것도 분명한 사실이다.

이러한 안티노미가 현실적으로 성립하는 장면으로는 예컨대 전쟁 책임 문제, 공해를 둘러싼 기업·관청의 책임 문제가 떠오른다. 비교적 새로운, 그렇기 때문에 규범적 의미를 갖는 전쟁 책임에 관해 살펴보자. 예부터 승자가 패자를 보복적으로 처벌하는 일은 있었다. 전쟁에 수반되는 잔혹 행위를 전쟁 범죄로 처벌하고자 하는 사고방식은 비교적 오래되었지만, 제1차 세계대전부터는 전쟁 그 자체를 전쟁 범죄로 재판해야 한다는 견해가 국제사회에서 움텄다. 그것이 구체화된 것은 제2차 세계대전 후에 있었던 뉘른베르크재판(1945~1946년 뉘른베르크에서 전범으로 기소된 전 나치 지도자들에 대한 국제 군사재판—옮긴이) 그리고 도쿄재판(태평양 전쟁 전범을 재판하기 위해 연합국 사령관 맥아더 장군의 명령으로 도쿄 극동 국제 군사재판소가 설립돼 A급 전범 28명을 기소해 7명을 교수형에 처한 재판—옮긴이)에서다. 전쟁 범죄에 대해서는 그 책임을 국가에 지게 할 것인가, 혹은 전쟁을 일으킨 개인에게 지게 할 것인가 하는 형태로 제시되었다. 두 재판 이후 빈발한 국지전에서도 재판이라는 형태를 취하여 판단하고자 하는 게 국제적 합의가 된 것은 널리 알려진 대로다. 그러나 적어도 현재에 이르기까지 현실적으로는 책임 있는 개인이 재판을 받고, 국가에 귀속시키는 일이 실행되고 있지는 않다. 국가 그 자체의 책임을 어떻게 추궁할 것인지는 여전히 해결해야 할 과제로 남아 있다.

이러한 사실들을 염두에 둔다 해도 서두의 아포리아는 해결되지 않는다. 무릇 책임이라는 관념 그 자체가 혹은 정의 그 자체가 해법에 어떤 도움을 줄 수 있을까?

책임이란 무엇인가

책임이란 무엇인가? 윤리학에서 문제가 되는 견해를 한번 보자. 책임responsibility, verantwortung, responsbilié은 구미어로는 '응답'이라는 말에서 유래한다. 신 혹은 공동체의 소리에 대한 응답으로 해석된다. 근대 사회에서의 공리주의적 책임이 탈종교화를 거쳤다고 하지만 거기에는 일종의 내면적 의미가 남아 있으며, 그 때문에 윤리학적 정의에도 개인의 주의적主意的인 의미 부여가 짙게 나타난다.

책임이란 일반적으로 어떤 자발적 행위에 대하여 그 행위자에게 부과되는 의식 또는 책무, 제재로 해석된다. 그 구체적 내용에 따라 대별하면 하나는 정신적인 책임, 즉 책임감, 도의적인 감정, 죄책감 등이라 불리는 개인의 내면적 감정이다. 다른 하나는 도덕적인 사회적 책임, 일정한 윤리적인 사회적 관계 범위 안에서 자발적 행위가 받아들여야 할 대타적 책무를 의미하는 경우가 있다. 이른바 직관주의는 이 책임을 도덕적 책무에 기초한다고 보지만 공리주의적 입장은 이 책무를 형벌 등의 사회적 책임에 한정시켜 보려 하기 때문에 입장은 양분된다. 법률적 책임은 이 도덕적인 사회적 책임과 중복되면서 자기가 한 행위에 따라 법률 상의 불이익·제재를 받는 것을 의미하며, 근대법에서는 위법 행위로 타인에게 손해를 입혔을 때의 민사책임과 범죄 행위로 사회질서를 어지럽혔을 때의 형사책임으로 구별된다.

이러한 책임의 양상은 다양한 입장의 대립을 불러일으키면서 행위와 자유로운 주체를 연관시킨다는 점에서 궤를 같이한다. 행위란 인간 내면의 정신적 발현이며 행위 주체와 객체는 행위 가운데 통일되어 하나의 상황을 만들어낸다고 여겨진다. 앞에서 본 책임의 여러 양상에는 각 행위의 윤리성(책임성)을 행위 주체의 내면성에 의해 규정하는 입장(예컨대 동기설), 행위가 현실적으로 초래한 결과로 평가하는 입장(결과설), 또 행위의 내면성이나 현실적 결과 그 어느 쪽이 아닌 양자를 결합한 행위 그 자체에 주목하는 입장 등이 있다.

이러한 서양 근대의 책임이라는 관념은 자유로운 의사를 가진 자발적 개인을 '주체'로 보는 규범적 전제 및 그 주체의 행위를 묻는 제3자, 혹은 초월자를 가상한다는 전제 위에 서 있다. 따라서 책임이 단체에 귀속되는 경우도 법인이라는 용어가 보여주듯이 의인적擬人的 인격에 귀결된다.

근대 일본과 책임

책임이라는 문제는 현실의 윤리적 상황에서 하나의 중요한 논점이다. 전쟁 책임 하나만 봐도 지금 우리는 인류라는 공공성 안에서 생각하지 않을 수 없다. 그런 의미에서 여기서는 일본과 관련된 문제를 고찰하고자 한다.

우리가 사용하는 '책임'이라는 말은 한자어로서도 오래된 것이 아니다. 중국 청조 초엽에 편찬된 사전 『자휘字彙』에 "책責은 책責에 임任하는 것"이라는 해석이 실려 있으며, 같은 청대 관료들의 통용어 주석서인 『육부성어六部成語』에서는 관료가 해야 할 책무, 자격으로 설명되어 있다. 이는 비교적 새로운 용법이라 할 수 있다. 이 동양어가 단체에 있어서의 책무, 또는 책무에 귀결되는 제재를 어감상 포함하고 있는 것, 근대 일본에서도 그러한 의미를 포함하면서 정착되었던 사실에 주의해야 한다. 그것이 함의하는 바는, 책임을 추궁하는 것도 개인과 단체 사이에 합의된 관계가 성립되어 있으면서 외부에는 폐쇄된, 예컨대 관료제 내부의 문제라는 것이다.

이러한 전통적 어감에 기인하는 관습적 환경과 더불어 서양으로부터 근대적 책임이라는 관념이 이입되는 사이에 책임이라는 문제는 근대 일본 사상사에서 오늘날에 이르기까지 극히 중요한 문제 권역을 형성해왔다. 여기서는 마루야마 마사오를 다루기로 한다. 마루야마는 서양적 책임이라는 관념에 의지하면서 근대 일본의 국가체제를 날카롭게 분석했다.

『일본의 사상』에서 그는 1923년 연말에 일어난 난바 다이스케의 섭정 궁 저격 사건에 관해 당시 도쿄대에서 교편을 잡고 있던 레더러E. Lederer의 느낌을 인용하고 있다. 사건 후 내각은 총사퇴했고 경시총감에서부터 경비를 담당한 경관 등 일련의 '책임자'들이 징계 파면되었을 뿐만 아니라 범인의 아버지 또한 곧바로 의원직을 사퇴했고, 고향 마을은 상을 입었으며 범인이 졸업한 초등학교는 교장에서부터 학급을 담당했던 담임교사에 이르기까지 모두 사직서를 제출했다. "이처럼 망연하고 끝없이 책임을 지는 방식, 오히려 그것을 당연하게 여기는 무형의 사회적 압박이 이 독일인 교수의 눈에는 아주 '이상한' 광경으로 비쳤던 것이다"라고 마루야마는 기술한다.

마루야마의 분석은 이러한 '이상한' 광경에 머물지 않았다. 그는 천황제를 중핵으로 하는 '국체'가 신민의 '무한 책임'에 의해 지탱되고 있지만 실은 '무책임의 체계'였다고 지적한다. 그리고 '대권중심주의'나 '황실자율주의'를 표방하면서, 아니 바로 그 때문에 원로·중신 등 초헌법적 존재를 매개로 하지 않고는 국가 의사가 일원화되지 않는 체제가 만들어진 데에도 '결단 주체(책임의 귀속)'를 명확히 하지 않고 '서로 눈감아주는' 애매한 '행위 연관(가마 태우기=추켜세우기로 상징됨)'을 좋아하는 행동 양식이 암암리에 작용하고 있다고 했다. 앞 사건의 '엄격한 윤리'는 '이 메커니즘에 있어서 거대한 무책임으로 전락할 가능성을 항상 내포하고 있다'는 것이다.

또 마루야마는 충성심만 있을 뿐 시스템이 없는 일본의 현실을 본래 작위적인 '제도'가 항상 '자연'으로 받아들여지는 일본의 제도관 때문이라고 지적했다. 마루야마의 이러한 분석은 메이지 국가의 성립과 붕괴를 전후의 전쟁 책임을 염두에 두면서 행한 역사적 분석이지만 오늘날 '책임의 부재'라고도 해야 할 사태에 직면해 상기해봐야 할 것이다.

책임이라는 관념은 '가족국가'처럼 스스로를 내부에 가두고 국민을 외부에 두려 하지 않는 단체에서는 성립되기 어렵다. 가와지마 다케요시는 『일본인의 법의식』에서 제2차 세계대전 이전의 국가는 관료가 책임을 지지 않는 제도였음을 실증적으로 논하고 있다. "메이지 헌법은 국민이 국민인 다른 한 사람을 대하는 것과 마찬가지로 정부에 대해서도 대등한 자격으로 고발할 수 있다는 것을 전혀 예상하지 않았다"는 것, 예컨대 소방차가 과실로 사람을 쳤더라도 정부가 책임을 질 필요가 없었다고 한다.

마루야마처럼 근대주의 입장에 서지 않는 논자들, 전후 반체제 운동에 반드시 공감하지 않는 논자들도 다양한 형태로 일본 사회의 무책임·책임감의 부재를 비판했고, 이미 하나의 문제 권역을 형성하고 있는 것은 주지의 사실이다. 예컨대 도이 다케오는 『응석의 구조』에서 반체제운동 그 자체가 '연대'라는 형태를 취하며 피해자와 스스로를 동일화하여 전투적으로 되었다고 했으며, 또 가와이 하야오는 주어진 '장場'에서 평형상태를 유지하는 것에 최고의 윤리성을 부여한 '모성사회'에서는 '개체의 윤리'가 높은 평가를 받지 못하며 '개인의 책임과 장의 책임이 혼동되거나 뒤바뀌기도' 한다고 분석했다.(『모성사회 일본의 병리』) 책임이나 서두의 아포리아를 실천적인 장에서 생각할 때, 우리는 이러한 자신들의 '병리'를 염두에 두지 않을 수 없다.

상황에 따른 접근은 절충론에 불과할까?

칸트는 『계몽이란 무엇인가』에서 계몽을 성취하는 데 필요한 요건으로 '이성을 공적으로 사용할 수 있는 자유'를 들었으며, 반면에 '자신의 이성을 사적으로 사용하는 것'은 때로 확실하게 제한되어도 좋다고 한

다음, 그 예로 군무를 수행해야 할 사람이 상관 명령의 적절성, 유효성을 논하는 것은 유해하지만 "학자로서 '군무에서의 결함에 관한 소견을 밝히고' 그 소견을 일반 대중의 비판에 제공하는 것을 금하는 것은 부당하다"고 주장했다. 책임이라는 개념은 다양한 입장을 넘어 "사람은 자신의 고독한 판단에 대해 자신이 없으면 없을수록 점점 더 맹목적인 신뢰를 가지고 세간의 무오류성에 의지하게 되는 것이 일반적"(밀, 『자유론』)인 사회 상태를 보면서 개인을 공동체 또는 조직 외부에 스스로 두도록 했다.

일본의 병리는 이렇다. 권력관계 내부에서는 온정주의적인 상호 보신으로 일관하고 외부에 대해서는 냉혹한 무시를 가한다. 통상의 인간관계에서는 공유하는 장에 대한 과잉 배려로 책임이라는 엄격한 윤리를 확립하기 어려운 환경을 갖고 있다.

이러한 점을 직시했을 때 서두의 아포리아는 개인의 책임을 실천적으로 명시화하는 것에서 해결의 실마리가 보이며, 그런 다음에 환원 불가능한 단체의 책임을 추궁할 수 있는 가능성도 엿보인다.

극히 애매하며 절충적으로 들릴지도 모르지만 이 아포리아의 한쪽이 일의적으로 성립하는 사회, 개인의 책임인지 단체의 책임인지 간단하면서도 명료하게 구분할 수 있는 사회는 극히 엄격한 사회이며, 자유의사로 책임지려는 인간의 본래 모습을 억압하는 사회라 할 수 있다. 그렇다면 개인의 탓으로 돌릴 것인지, 단체의 탓으로 돌릴 것인지 그때 그때의 상황에 따라 자유롭게 논의하는 결의론적 상황이야말로 가장 바람직하다고 할 수 있지 않을까? 다만 그렇게 하기 위해서는 논의가 계속되도록 보증해줄 조건, 기구 등이 정비되어야 한다. 예컨대 그 하나로서 '공평한' 제3자 기관, 가상된 외부 공간을 다양한 자리에 창출하는 일을 생각할 수 있다. 마치 타인의 일인 것처럼 객관적으로 자신을 파악할 수 있는 윤리적 감성 또한 요구된다.

현실적으로는 국가의 책임을 묻는 쪽이 고조되고 있다. 국민이 국가에게 모든 것을 맡겨 은폐된 국가주의를 새롭게 불러일으키는 사태, 개인이 속한 시스템 가운데서 자신의 양심적 가치를 권위적 가치로 바꾸어놓고 책임을 상실하는 사태가 재현되는 것만은 피해야 한다.

심정윤리와 책임윤리

"윤리적인 모든 행동은 근본적으로 서로 다른 두 가지 격률格率, MAXIM(주관적인 실천 원칙) 아래에 놓일 수 있다. 즉 '심정윤리'에 놓일 수도 있고 혹은 '책임윤리'에 놓일 수도 있다. 우리가 심정윤리적 격률 아래에서 행위할 것인지(종교적으로 말하면 '기독교도는 바르게 행동하고 그 결과는 신에게 맡김'), 아니면 행위의 (예견 가능한) 결과에 책임을 져야 한다는 책임윤리적 격률 아래에서 행위할 것인지는 끝을 알 수 없는 대립이다." 막스 베버는 『직업으로서의 정치』에서 이 두 유형의 윤리를 제시하고 정치가는 명확하게 책임윤리에 입각하지 않으면 안 된다고 했다.

심정윤리와 책임윤리의 구별은 '책임'을 '결과에 대한 책임'이라는 관점에서 볼 때 동기설과 결과설 혹은 의무론과 귀결주의로 나누는 것도 가능하다.

그러나 베버가 정치가의 윤리로서 책임윤리를 논할 때, "선은 선으로 악은 악으로 귀결되는 경우보다 오히려 그 반대의 경우가 더 흔한 것이 사실이다. 이를 보지 못하는 자야말로 어린애인 것이다"라고 한 것처럼, 정치가 권력이라는 사실에서 유발되는 '악'의 문제를 깊이 고찰하고 있다. 베버에 따르면 정치는 불가피하게 악을 내포하고 있으며 책임윤리는 그 악을 떠맡는 것이다. 이 점에서 베버는 마키아벨리와 많은 것을 공유하는 한편 차이점도 있다. 마키아벨리는 말하자면 자명하게 국가의 존속이 전제되고 또 악을 포함해 그 국가의 존속을 위해 활동하는 정치가의 도덕성을 말하고 있다. 예컨대 레오 스트라우스LEO STRAUSS의 다른 해석이 있기는 하지만 거기서 도덕성은 (통상의 규범 안에서) 대개 탁월성으로 해석된다. 마키아벨리에게 정치는 밝은 것인 데 비해 베버의 경우는 일종의 어두움이 동반된다. 원래 베버는 '세계의 비합리성'이라는 인식 아래 최선의 결과를 위해서는 악도 행하지 않으면 안 된다는 '윤리적 패러독스'를 말하고 있는 것이다.

5. 전쟁은 어디까지 악인가

나가오 류이치

테제 **전쟁은 거대한 범죄다**

안티테제 **전쟁은 합법적 제도다**

　전쟁은 대량으로 살인하는 거대한 범죄다. 그러나 도덕가가 그것을 어떻게 비난하든 그것은 고전적 국제법상 필요 불가결한 제도이기도 하다. 즉, 국내법의 강제집행 제도와 같은 위치를 점하며 인류세계에서 투쟁의 불가피성 논리와 결합해 필요악의 존재로 이해되어왔다. 핵확산에 따른 인류의 위기 앞에서 전쟁 억제의 필요성은 점점 더 절실해졌지만 현실주의자들을 설득할 방법과 그것을 가능케 할 방도가 문제다.

투쟁으로서의 전쟁

전쟁은 '가장 정의하기 어려운 개념'(『법률학소사전』)이라고 하지만 일단 '대규모 집단 간의 무력투쟁'이라는 상식적 개념에 기초하기로 한다. 그렇게 하면 전쟁은 투쟁의 일종이다. 이 전쟁에 대한 정의를 뒤집어보면 투쟁은 대규모 집단 사이의 것으로 한정되지도 않고(개인과 개인 사이에도 가능하기 때문), 무력에 의한 것이라고 제한할 수도 없다.

투쟁은 '복수의 주체가 서로 대립할 때 상대를 굴복시킴으로써 자신의 욕망·주장을 관철시키려는 노력'이며, 대립은 '복수 주체들 간의 욕망·주장이 양립하기 힘든 상태'다. 동물에게도 음식이나 성에 대한 욕망이 있으며 영역이나 서열에 대한 '주장'도 있으므로 그것이 대립하여 투쟁이 된다. 인간도 서로 저촉되는 욕망이나 주장 때문에 대립한다. 만약 인간이 일정한 투쟁성을 지니고 있다면 대립이 투쟁으로 발전하는 것은 불가피할 것이다.

산상수훈

이러한 세속적 논의를 근원적으로 비판한 사례로는 애당초 투쟁을 부인하고 '왼쪽 뺨을 맞으면 오른쪽 뺨도 내놓으라'고 가르친 산상수훈의 윤리가 있다. 이 윤리에서 문제가 되는 것은 이 계율을 지킬 경우 멸망할 가능성이 있다는 점이다.

그것에 관해서는 ①결과에 대한 완전한 무관심(순수한 '가치합리주의 입장'), ②현세에서 멸망하더라도 내세의 보응, 최후의 심판 등으로 보상받을 수 있다는 입장, ③기적(종말)에 대한 기대, ④무언가 현실적인 이유로 멸망을 피할 수 있다는 주장 등을 생각할 수 있다.

①, ②의 신념으로 똘똘 뭉친 사람들을 설득하여 말을 바꾸게 하는 일은 곤란할 것이다. 경험적 반증이 불가능한 논의이기 때문이다. 단 ②에 관하여 어떻게 그것을 알 수 있는가 하는 근거를 묻는 인식론적 비판은 가능할지 모른다. ③의 신앙자도 사전에 설득하여 말을 바꾸게 할 수는 없겠지만 ②와 같은 인식론적 비판은 가능할 것이다. 그리고 ②와 달리 '그날'이 도래하면 반증 가능해진다.

④에 관해서 보자. 다투지 않고 선하게 살면서 만족스러운 삶을 산 '부처 같은 사람'은 존재한다. 인간의 투쟁성을 촉발시키는 상대가 있는가 하면 그렇지 않은 사람도 있으며, 극악무도한 사람이지만 '손을 잡고 싶어지는' 인물도 역사소설 등에는 등장한다. 그러나 그들이 속임수에 당하거나 도둑질 당하지 않고 살 수 있었던 것은 경찰이나 재판 제도 또는 그들을 지켜주는 세속적인 사람들, '맞으면 때려줄 사람들'이 존재했기 때문이 아닐까?

산상수훈의 윤리를 요구하는 것은 현세가 '늑대와 양이 함께 잠자리에 들 수 있는' 낙원이 아닌 한, '내세나 기적을 믿으며 멸망해갈 각오를 하라'고 명하는 것이다. 그리고 이 낙원은 투쟁성의 소멸이라고 하는 '인간성의 근본적 개혁'에 의해서만 실현될 수 있다.

정의와 평화

투쟁이 대립 해결의 한 방법이라고 한다면 여기서의 윤리적 문제는 ⓐ대립 자체의 평가와 ⓑ투쟁이라는 방법의 평가 양쪽과 관계된다. ⓐ에 관하여 보자. 대립하는 한쪽이 정의, 다른 쪽이 불의라면 정의의 실현, 부정의 제거는 윤리적 선일 것이다.(정의와 선의 관계에 관해서는 여기서 다루지 않겠다.) 그러나 투쟁의 윤리적 평가에는 ⓐ, ⓑ 양자의 평가가 필요하다. 만약 평화가 선을, 투쟁이 악을 포함한다면 '정의롭지 못한 평화'와 '정의로운 투쟁'의 윤리적 우열은 선험적으로 결정할 수 없으며, 여기서 이른바 '목적(정의의 실현)은 언제나 수단을 정당화할 수 있는가' 하는 문제가 발생한다.

ⓐ의 중요성이 ⓑ의 중요성과 비교할 수 없을 만큼 크다고 믿는 사람의 입장에서 보면 불의를 방치하는 평화주의는 윤리적 악에 가담하는 것이다. 정의의 실현, 악의 제거를 목적으로 하는 선은 수단으로서의 선악을 단절시키는 가치를 가지며, '목적은 얼마든지 수단을 정당화할 수 있게' 된다.

정의에는 절대적 정의와 구별되는 실제적 정의가 있다. 실제적 정의를 유지하기 위해서도 일탈자와의 투쟁, 일탈에 대한 실효적 제재가 필요한데 사법을 영어로 저스티스Justice라고 부르는 것은 이 실제적 정의를 의미한다.

투쟁 찬미론: 투쟁과 경쟁

앞에서 '만약 평화가 선을, 투쟁이 악을 포함한다면'이라고 했는데 비영웅주의적 윤리학에서는 투쟁은 악, 적어도 '필요악'이다. 왜냐하면 '투쟁은 상대를 굴복시키는 것', 즉 남에게 위해를 가하는 것을 함의하며 '아무도 해치지 말라Neminem laede'는 고전적 윤리 규범에 반하기 때문이다.

한편 투쟁을 정당화하는 윤리학도 존재한다. 헤라클레이토스의 「단편 80」("전쟁이란 보편적인 것이며, 정의는 투쟁이라는 점, 그리고 모든 것은 투쟁과 필연에 의해 생긴다는 것을 알아야 한다."— 옮긴이)에서는 "투쟁erls은 정의dike"
라고 해석했고, 헤겔은 투쟁 포기자를 노예라 부르며 대립을 역사 발전의
지렛대로 보았다. 마르크스주의자가 투쟁을 찬미하는 그 연원의 일단은
헤겔의 대립 찬미에 있다. 사회진화론의 한 파는 생존투쟁에 따른 약자
의 도태를 진보의 지렛대로 여긴다.

사회진화론의 다른 한 파는 투쟁이 아니라 경쟁을 진보의 지렛대로 본
다. 그렇다면 투쟁과 경쟁은 어떤 면이 다른가? ①투쟁에는 원칙상 법칙
rule이 없지만 경쟁에는 있다. ②투쟁은 상대방에게 피해를 줌으로써 자
신의 욕망·주장을 실현하고자 하지만, 경쟁은 자신의 가치를 높임으로써
그것을 실현하고자 한다.

경쟁주의자는 사회적 공리주의자 입장에서 보면 경쟁이 투쟁보다 훨씬
낫다고 한다. 투쟁은 상대의 자산을 파괴하려는 노력이며, 투쟁이 끝난
뒤에는 당연히 양자 모두 자산이 줄어든다. 승자가 패자의 자산을 몰수
하고 확대해도 양자의 합계는 줄어들며 사회적으로도 손실이다. 그에 비
해 경쟁은 자산을 증가시키기 위한 노력이므로 누가 승리하든 사회적 자
산이 증가한다. 이 명확한 경쟁주의의 우위에도 불구하고 세상에 투쟁이
사라지지 않는 것은 인간의 이기심과 어리석음 때문이다.(하지만 양자의 자
산의 합계가 동시에 사회적 자산인가 하는 의문도 있다. 정의의 사도는 부정한 자
의 자산을 사회의 해독이라고 할지도 모른다.) 경쟁주의자가 안고 있는 현실적
문제는 법칙을 위반하여 승리를 얻고자 하는 투쟁자를 억제할 수 있는가
하는 것이다.

홉스

투쟁 상태의 극복을 주장했던 사상가로 홉스가 있다. 그가 묘사한 자연 상태는 '만인의 만인에 대한 전쟁bellum, war'이다. 이 전쟁에서 주체는 집단뿐만 아니라 개인에까지 확장된다.

자연 상태의 소재를 구성하는 것은 인간=개인이다. 그는 '늑대', 즉 최약자라도 최강자를 살해할 가능성(이빨)을 지니며 또 투쟁성을 지닌 존재이지만, 인간에게도 투쟁성이 강한 자(공격적 인간)와 약한 자(방어적 인간)가 있다. 그러나 투쟁에서는 선제 공격자가 압도적으로 유리하며, 방어적 인간도 생존을 위해 선제 공격을 할 필요가 생긴다. 따라서 전원이 공격적인 인간의 페이스(의도)에 말려들게 된다.

홉스는 한편으로 아리스토텔레스=스토아적 전통을 답습하여 인간을 규범적 존재로 파악했다. 인간은 자연권과 규범의식(양심)의 담지자이며 자연권의 핵심은 생명권이다. 이 생명권이 타자와의 관계에서는 생명 방위권의 형태를 취하며, 이 생명 방위권으로부터 자연 상태에서는 생명 방위의 필요성을 인정하는 권리가 파생된다.

이 자연상태에서도 계약 준수의 의무나 황금율과 같은 자연법은 관념적으로는 타당하지만(양심을 구속함), 상대방이 그것을 이행한다는 보증이 없는데 자신만이 그것을 지켜 자멸할 의무는 없다. 따라서 무정부 상태는 실제 무규범 상태에 가까우며 각자는 스스로를 방위할 필요성을 인정하고 싸움을 계속하며 짧은 생애를 보낸다.

개인으로부터 국가로: 투쟁에서 전쟁으로

사회계약에 따라 자연상태를 극복하고 국가를 창출하는 과정을 제시한 홉스는 국가와 국가 사이, 즉 국제사회는 여전히 자연상태라고 한다. 상위의 권위를 승인하지 않는 '교만한 왕 the king of the proud'으로서의 국가는 방위의 필요성을 저마다 인정하면서 항상 선제공격을 방지하기 위한 선제공격 가능성을 유보하고 있다. 전쟁war이란 전투battle만이 아니라 전투에 대한 의지가 명시된 상태를 의미하므로(『리바이어던』 제13장) 국제사회는 항상 전쟁 상태다.

홉스의 자연상태와 국제사회는 어떻게 다른가? 개인은 법학자들이 말하는 '자연인', 국가는 '법인'이다. 법인으로서의 국가는 망원경이나 현미경으로도 볼 수 없으며, 자연인에 대한 '살해하지 말라'는 계율이 법인에게는 타당하지 않다. 국가가 소멸해도 그 속의 인간이 생존한다는 것은 분열로 소멸한 체코슬로바키아의 예에서도 알 수 있다. 개인주의자는 '국가'라는 관념의 방위를 위해 대량의 인명을 희생시키는 것을 정당화하지 않을 것이다.

그러나 여기서 집단의 가치를 개인에 우선시키는 단체주의자가 반발한다. 개인주의자 입장에서는 관념에 불과한 국가나 민족이 그들에게는 개인을 넘어선 고차원적 실체이며 개인을 희생해서라도 지킬 가치가 있다. 그러나 전 인류가 아니라 그 일부에 불과한 집단만이 그러한 가치를 지닌다는 근거는 명확하지 않다.

국제법과 전쟁

적어도 제1차 세계대전까지는 국제사회를 지배했던 고전적 국제법 질서에 있어서 국제사회는 기본적으로 홉스적 세계였던 것 같다. 거기서는 강제 관할권을 가진 법원도 권리를 실현할 집행 기관도 없었기에 위법으로 권리를 침해당한 국가는 자력으로 그 권리를 회복하든가 체념할 수밖에 없었다.

법질서는 자력에 의한 권리 회복을 권리로서 승인하고 있다. 위법한 국가에게는, 자력 구제를 위해 국민에게 수인受忍 의무(공익이나 공동생활을 위해서는 제약을 받아들여야 한다는 의무―옮긴이)를 강제할 권리가 있었지만, 그것이 위법인지 아닌지를 공인해줄 기관은 존재하지 않았으며 해석이 대립되면 각국은 자국의 인정에 기초하여 자국의 권리 실현을 위해 행동할 수 있다. 국제법은 기본적으로 이러한 무력 행사를 합법적인 것으로 승인했다.

또 고전적 국제법 질서는 주권국가에게 '교전권'을 승인했다. 교전권이 ①무제약적인 것인지, ②적어도 자기 방식으로 인정한 권리의 실현이라는 명목을 필요로 하는지에 관해서조차 의견 대립이 있었다. ①은 전쟁 행위를 국제법상 방임 행위로 간주하는 것으로 홉스적 국제사회관이다. ②는 전쟁을 권리 실현으로 한정시켜 인정한 것으로 국제사회를 법적 세계로서 승인하지만 재판 기관도 집행 기관도 존재하지 않는다는 국제질서의 구조상 실제로 ①에 가까운 모습을 보인다.

제1차 세계대전 이후 전쟁을 위법화하고 국제사회를 비군사적 제재, '전쟁 없는 투쟁'으로 유지하고자 하는 사상이 발전했다. 그리고 무력투쟁에 관해서는 자위 이외의 무력 행사를 위법화했다.(즉 방위 이외의 '정의를 위한 전쟁'을 위법화하고자 했다.) 동시에 국제기관에 그 합법성의 인정권을 부여하고 위법한 무력 행사를 억지하기 위한 무력의 조직화를 시도했다.

그러한 노력의 결정체가 제2차 세계대전 이후의 국제연합이다. 국제연합헌장은 전쟁을 위법화하고 무력 행사는 자위('집단적 자위'를 포함한다) 및 국제연합에 의한 제재만을 합법적인 것으로 인정했다. 그러나 냉전체제 하에서 안보이사회에서의 거부권 행사로 분쟁억지 기능은 마비되었고, 실제로 침략과 방위의 구분을 공인하는 기관이 존재하지 않게 되었으므로 고전적 국제법에서의 전쟁 관념이 부활했다고 할 수 있다. 소련의 해체, 냉전의 종결과 더불어 어느 정도 전쟁 위법화라는 헌장 본래의 의도가 복권될지는 현재 불확정 상태다.

핵확산과 전쟁

국제연합헌장 아래에서도 국제연합은 힘이 약했기에 홉스적 자연상태가 여전히 잔존했지만, 그러나 그 자연상태와 국제사회는 최약자가 최강자를 살해할 수 있다는 점에서 다르다. "네팔이 중국을, 룩셈부르크가 러시아를 멸망시킬 수 있을까?"라는 말이 있다. 그러나 핵확산에 따라 이 양자는 비슷해졌다. 실제로 소국을 포함한 세계 각국이 핵으로 무장하고 상당히 성능 좋은 핵미사일을 구비한다면 네팔이 중국을 멸망시킬 수 없는 것은 아니기 때문이다.

홉스의 자연상태에선 최약자가 최강자를 한 명 살해할 수는 있지만 전 인류를 끌어들여 자멸하는 것은 불가능하다. 그러나 핵확산이 그것을 가능케 하고 있다는 점에서 양자는 비슷하면서도 다르다.

핵무기로 인한 인류의 멸망 앞에 전쟁을 국제질서 유지의 불가결한 제도로 보는 전제 그 자체를 바꾸어야 한다고 호소한 것은 1945년 9월

2일, 미즈리 호에 타고 있었던 더글러스 맥아더였다. 그는 그렇게 하기 위해서는 '인류의 도덕적 재생moral recrudescence', 즉 인간의 투쟁성을 제거할 때가 왔다고 했다.

그러나 그는 실제로 인류가 도덕적으로 재생하는 것을 확인하기 전에 일본을 비무장화했다. 따라서 재일미군의 '군사력에 의한 위협' 없이 안전은 있을 수 없다고 하는 안보체제가 확립된 것이다. 헌법 제9조는 종말이 도래하기 전에 종말에 내기를 거는 신앙인의 영웅주의와 침략 국가 일본의 재생 방지라는 국제정치적 전략의 합성물이다.

인간의 투쟁성이 제거되어야 비로소 실현할 수 있는 파멸적 전쟁의 억제 정책을 선택한다 해도 '백년하청(황허黃河강이 맑아지기를 100년 동안 기다린다는 뜻으로 실현될 수 없는 일을 무작정 기다리는 헛수고나 어리석음을 비유함—옮긴이)을 기다리는' 사이에 어디서 누군가가 핵무기를 손에 넣어 인류를 멸망시킬지도 모른다. 홉스는 인간의 투쟁성을 억제할 수 있는 것은 첫째로 '죽음에 대한 공포'라고 했다. 실제로 미·소 간의 핵전쟁을 억지한 것도 결국 죽음에 대한 공포였다. 그러나 그는 이성도 투쟁을 억제하는 일정한 역할을 할 수 있을 것으로 보았다. 그리고 홉스의 이성은 무엇보다 과잉적인 자기 기만적 자존심vainglory에서 발하는 투쟁성의 억제를 가르친다.

나 개인의 의견을 말하자면 투쟁성을 자극하여 인류를 멸망으로 인도하는 것, 즉 현재와 미래의 인류의 적은 타자에 대한 증오를 수반하는 내셔널리즘이다. 왜냐하면 그것이야말로 현대세계에서 집단적 자만심의 응축물이기 때문이다. 이성이 지시하는 길은 내셔널리즘의 억제다. '내셔널리스트에게 핵무기를 주지 말라. 이미 갖고 있는 자에게는 죽음의 공포와 이성을 주입하라.' 이것이 홉스가 현대인에게 남긴 교훈이다.

6. 종의 보존인가, 아니면 인간의 삶인가

미 조 구 치 고 헤 이

테제 **모든 생물은 동등한 생존권을 가진다**

안티테제 **인간 이외의 생물의 생존보다 인간의 생존 또는 이익이 우선한다**

사람은 무엇을 먹도록 허락되어 있는가

예전에 한 작은 콜로키움에서 일본에 온 한 서양 철학자가 생명 문제에 관해 이른바 네오벤담적인, 좀 급진적인 표현을 쓰자면 싱어리언적인Singerlian — 동물해방론자 피터 싱어의 주장을 따른다는 의미에서 — 견해를 피력한 적이 있다. 그는 신경절의 발달분화에 관한 생물학적 식견에 근거해 고통을 느낄 수 있는지의 여부를 기준으로 생물을 이분하고 고통을 느낄 가능성이 있는 생물은 먹어서는 안 된다고 주장했다. 구체적으로 말하면 생선까지는 먹어도 되지만 그 이상의 고등동물은 먹어서는 안 된다는 것이다. 아직 일본에서는 이러한 네오벤담주의적 환경윤리사상이 그다지 알려지지 않기도 해서 회의에 참석했던 일본인 대부분은 이 주장을 기묘한 절충주의로 받아들였다. 채식주의자라면 모르지만 생선까지는 괜찮다는 것이 얼마나 편의주의적 발상인가? 생명이라는 것을 기준으로 한다면 희생시켜도 좋은 것과 희생시켜서는 안 되는 것 사이에 경계선을 그을 수는 없지 않을까? 과연 고통을 느끼는지의 여부가 그 생명체의 생명을 빼앗아도 되는 기준이 될 수 있을까? 그리고 이러한 서양인과 사상적 토론을 할 때 곧잘 불거지는 사태가 일어났다. 우리 일본인은 갑자기 성실한 불교도로 변해 "살아 있는 모든 것은 불성을 지닌다悉有佛性"는 주장을 비판의 근거로 제시했다(일본 전래의 애니미즘을 제시해도 좋았을지 모르지만). 그 후 만찬회가 열리고 식사 시간이 되자 그 철학자는 당연한 듯 쇠고기나 돼지고기, 닭고기를 일체 거부하고 생선을 주문했지만, 실유불성을 주창한 우리 일본인(물론 참가자 전원이 주창한 것은 아니지만)은 이 또한 당연하다는 듯 모든 음식을 먹는 데 주저하지 않았다. 하긴 약간의 심적 고통이랄까, 말로 표현하기 힘든 미련이 남은 것도 사실이다.

위에서 든 사례는 결과적으로 회의에 참석한 일본인들에게 약간의 심리적 억압을 가져다준 사건인지도 모른다. 그러나 거기에는 현대의 환경윤리사상이 안고 있는 본질적인 아포리아, 즉 인간과 자연 전체 혹은 개체와 종의 생존을 둘러싼 우선순위의 문제가 아주 복잡하게 뒤얽혀 제시되고 있는 것으로 보인다. 다음에 그 아포리아를 우선 이율배반적인 대립도식으로 포착하고 그 대립 양태와 각각의 주장 및 거기에 내포된 문제점을 검토한 뒤, 대체 무엇이 참으로 문제인지 또 해결할 수 있는 방법은 무엇인지 살펴보기로 한다.

앞에서 든 아포리아는 환경윤리 용어법에 따라 단순화하면 우선 다음과 같은 이율배반적인 형태로 표현할 수 있다.

테제 모든 생물은 동등한 생존권을 갖는다. 따라서 생태계 전체의 보전이 인간이라는 특정 종의 생존보다 우선권을 가진다.

안티테제 인간 이외의 생물의 생존보다는 인간의 생존 내지 이익을 우선시한다. 따라서 인간의 생존 내지 이익이 확보된다면 혹은 그것을 확보하기 위해 자연을 보호해야 한다.

이 이율배반은 자연보호와 인간의 무제한적 자연 지배에 따른 환경 파괴의 단순한 대립을 의미하는 것이 아니다. 자연 지배를 정당화하고 그 결과 환경 파괴를 야기한 소박하고 고전적인 인간중심주의는 현실 속에서 여전히 위력을 떨치고 있지만 사상적으로나 정책적으로는 이미 용인하기 힘들며, 따라서 이 안티테제의 역할을 단순하게 완수할 수 있는 것도 아니기 때문이다. 오히려 오늘날 문제가 되는 것은 환경 또는 생태계의 보존이나 보호가 생태계 그 자체를 위한 것인지, 아니면 결국은 인간을 위한 것인지 환경 보호 목적을 둘러싼 대립이며, 그 차이로부터 발생한 환경을 대하는 방식의 차이 또는 그 대립의 배경이 된 자연관 자체의 차이와 대립하고 있다. 각각의 입장에는 따라서 그 나름의 이유와 정당성 그리고 문제점이 내포되어 있다.

테제 형태로 표현된 이 주장은 1970년대에 등장한 이른바 심층생태주의deep ecology로 대표되는 생명중심주의 또는 전체론적 환경윤리의 입장을 나타낸 것이다. 원래 그 유래에 관해서는 1940년대 레오폴드A. Leopold의 대지윤리 사상으로까지 소급할 수 있다. 레오폴드는 인간공동체에만 한정되어 있던 종래의 윤리 관계를 자연보호의 관점에서 토양, 물, 식물, 동물과 같은 서로 관계되어 있는 생물공동체에까지 확대해 그 공동체를 '대지'라는 총체적 개념으로 포착하고자 했다. 그리고 이 생물공동체의 통합성, 안정성, 아름다움을 보호하는 데서 최고의 윤리적 가치를 이끌어내고자 했다. 이러한 전체론적 환경사상의 과학적 또는 철학적 배경으로는 예컨대 프리고진Ilya Prigogine의 비평형 열역학이나 러브록J. E. Lovelock의 가이아 가설(지구생명체 가설), 카프라F. Capra의 도道 자연학The Tao of Physics 등의 전체론적 관점의 신과학, 게다가 화이트헤드A. N. Whitehead의 유기체철학이나 동양철학 등의 광범위한 결합을 지적할 수도 있을 것이다. 처음에 언급한 불교사상도 넓은 의미에서는 이러한 견해 속에 포함시킬 수 있다. 요컨대 이러한 사상의 특색은, 심층생태주의를 제창한 네스A. Naess의 견해를 빌리자면 환경 파괴의 원흉이라 일컬어지는 전통적인 서양의 인간중심주의적 사고나 기계론적 자연관을 수정해 지구 전체의 생태계를 유기적 관계에 있는 전체적인 생명체로 간주하고, 개체보다는 종에, 특정 종보다는 생명 전체에, 또는 생명 체계를 구성하는 무기물을 포함한 존재 전체에 보다 높은 가치를 부여하고자 하는 점에 있다. 즉 생명체인 모든 개체는 전체의 유기적 연관 속에서만 의미를 가지며(전체는 부분의 총화 이상이다), 그러한 관점에 기초해 생명권 평등주의, 원생자연의 보존, 다양성과 공생의 추진, 반계급, 생명지역주의와 같은 심층생태주의 특유의 행동 지침을 갖게 된다. 그를 위해 절멸 직전의 종을 보호하고 생태계를 유지하기 위해서는 개체수가 지나치게 많은 종의 개체, 예를 들면 인간은 어느 정도 희생을 감수해야 한다는 급진적인 주장을 펴기도 한다.

다른 한편, 안티테제는 서양의 전통적인 유대·기독교적 윤리 또는 근대 공리주의 혹은 실용주의에서 볼 수 있는 인간중심주의를 표방한 것으로, 서양의 근대가 만들어낸 기계론적이고 이원론적이며 또 환원론적인 자연관을 배경으로 한 생각이다. 그것은 또 1960년대까지의 자연보호운동(심층생태주의에 대한 새로운 생태주의인 표층생태주의)을 뒷받침해준 환경사상이기도 하며, 인간의 편익을 위해 자연을 지배 또는 통제하고 그런 한에서 자연을 보호하고자 하는 입장을 말한다. 따라서 이 입장에서 보면 현대의 환경 파괴를 야기한 주된 원인이 근대 과학기술에 있다는 사실은 부정할 수 없지만 그러나 그 문제를 해결할 수 있는 것도 마찬가지로 근대 과학기술이라는 것이다. 실제로 전체론적 환경사상이 여전히 감성적 영역을 넘어서지 못하고 자연 이해에 관해 구체적이고도 유효한 방법적 수단을 독자적으로 제공하지 못하고 있다면 이 생각도 나름대로 설득력이 있다. 이러한 환경사상을 대표하는 것으로는 슈레더 프레체트가 말한 이른바 개척자 정신을 표현하는 프런티어 윤리나, 기독교 신학의 입장에서 인간은 자연을 보호하기 위해 신이 위탁한 집사stewardship로 여기는 사고방식 등을 들 수 있다. 또 처음에 거론했던 피터 싱어나 리건T. Legan 등이 대표하는 동물해방론 내지 동물권리론 역시 결코 단순한 인간중심주의는 아니어도 기본적으로는 이러한 흐름에 속한다 할 수 있다. 그렇게 말하는 이유는 그들은 쾌락과 고통에 대한 감각 능력의 유무(싱어)나 자기의식의 유무(리건)와 같은 종래 인간에게만 인정되었던 윤리적 권리 주체의 판별 기준을 유추적으로analogically 동물에까지 확대한다는 생각을 했기 때문이며, 거기에는 확실히 전체론적인 생명의 연속관과 유사한 점이 있지만 어디까지나 제한적인 것이고 원리상 전통적인 인간중심주의에 연결되어 있기 때문이다. 그러므로 그들은 또 서양의 개인주의적 전통에 따라 권리를 개체에게만 인정할 뿐, 전체론자처럼 종의 보존을 위해서 개체의 희생을 어느 정도 감수해야 한다고 주장하지는 않는다. 리건은 이러한 전체론적 입장을 환경 파시즘이라 부르며 비판했다. 확실히 동물해방론자나 동물권리론자도 환경보호를 호소하지만 그것은 어디까지나 개체의 생명 존중 때문이지 어떤 종의 동물이 멸종할 것 같기 때문은 아니다.

이러한 동물해방론 또는 동물권리론의 비판에 대해 전체론적 입장에서는 다음과 같은 반론을 제기하고 있다. 즉 전자의 입장은 자격을 갖추지 못한 생물을 윤리적 배려가 불필요한 단순한 도구로 취급할 위험이 있고, 공평과 평등이라는 윤리적 기본 원리에 의거해야 함에도 결국 종차별을 행하고 있다는 반론이다. 전체론적 입장에서 보면 종 사이에는 생명 가치의 높고 낮음도 없으며 동등하게 존중하지 않으면 안 되기 때문이다. 또 특정 종의 생명을 존중해야 한다는 어중간한 생각이나 단지 살아남기 위해 환경을 보호해야 한다는 대응책을 취해서도 안 되며, 인간의 삶의 방식 그 자체 및 가치 전체의 전환을 꾀하는 것이 중요하다고 생각한다. 인간이 근대의 인간중심주의적 자연관을 계속 유지하는 한 설령 그것이 어느 정도 인간 혹은 약간의 동물종의 복리를 의도하는 것이라 해도 결과적으로는 환경 파괴에 따른 인간의 자기 소외 혹은 자기부정을 역으로 야기하게 될 것이기 때문이다.

다른 한편, 동물해방론이나 동물권리론 입장에서 보면 전체론은 생명의 외경이나 평등성을 주장하고 있음에도 전체를 위해 부당하게 개체 생명의 가치를 떨어뜨리고 있다. 눈앞의 개체 생명을 존중하지 않으면서 전체 생명을 존중한다는 것은 추상적이고 관념적인 생명론 외에 아무것도 아니기 때문이다. 실제로 전체론적 환경사상에는 생명의 존엄성을 둘러싼 이처럼 해결하기 어려운 내적 모순이 내포되어 있다.

이상과 같이 테제와 안티테제 양자 사이에는 해소하기 힘든 대립이 있고, 또 각각의 입장에도 해결하기 어려운 내적 모순이 있는 듯하다. 그것은 단순히 논증 상의 대립이 아니라 기본적으로 자연관이나 생명관 자체의 대립이며, 나아가 생명 그 자체에 내재하는 모순이라 할 수 있다. 그렇다면 대립의 해소나 해결의 길을 제시하기란 쉽지 않을 것이다. 따라서 여기서는 이 대립을 우리가 어떤 문제 또는 과제로서 받아들여야 할지에 관해서만 다루기로 한다.

우리에게 무엇이 문제인가

처음에 든 사례 가운데 일본인의 태도로 이야기를 돌려보자. 생명에 대한 외경을 호소하면서도 결국은 무엇이든 먹어버리는, 호의적으로 말하면 먹을 수밖에 없는 일본인의 태도에 대해 문화적 관습이라는 이유와는 별도로 이를테면 인간은 모두 죄와 악을 가지고 있다는 신란親鸞(1173~1262, 일본 가마쿠라 시대의 불교 승려—옮긴이)의 죄업심중罪業深重(인간의 죄와 업은 한없이 깊으니 그것을 자각하고 참회하라는 것임. 신란은 그 참회를 통해 모든 악인이 무조건 구원받을 수 있다고 함—옮긴이) 사상을 방패 삼아 생명이 지닌 역설적 의미를 논한 사상을 들어 이 사태를 변명할 수도 있다. 삶이 지닌 죄의 깊이를 참회하고 속죄를 기원하는 전통적인 의식이 일본에 많이 남아 있는 것도 일본인이 가지고 있는 그러한 생각의 증거일 것이다. 더구나 이러한 관습이 종래의 생활양식 가운데는 불필요한 살생을 금하는 혹은 어느 정도 억제하는 환경을 일정 부분 이끌어온 것도 사실이다.

그러나 설령 그렇다 해도 만약 자신의 생명을 유지하기 위해 다른 생명을 희생시키는 것이 본질적으로 허용할 수 없는 부도덕한 행위라면 우리 인간은 살아가는 것 자체를 그만두지 않으면 안 된다. 우리 육체는 피상적이고 위선적인 의식 등을 무시한 채 생명을 유지하기 위해 가혹한 투쟁을 수행하고 있기 때문이다. 그렇다고 하면 이 경우 죄의식 같은 것은 삶을 정당화하기 위한 수단밖에 되지 않는다는 것일까? 뿐만 아니라 죄의식만 있다면 무슨 짓을 하든 용서받을 수 있다는 것일까? 또 이 경우 이러한 죄의식을 형성하고 있는 생명에 대한 외경이나 생명을 존중하는 마음가짐이 실제로는 가혹한 식물 연쇄 시스템 가운데 있는 자연을 기묘하게도 그 자체로서는 생명 존엄성을 유지하는 것으로 간주하면서 거기로부터 인간만을 부자연스러운 죄가 있는 존재로 분리시키고 있는지도 모른다. 전체론자만이 아니라 그들과 대립하는 동물해방론자에게도 이것은 똑같이 적용된다. 그들은 어린 양을 사냥하는 사자를 악으로 간주하지 않지만 쇠고기나 고래 고기를 먹는 인간은 윤리적으로 악이라 여긴다. 인간은 특별한 존재인 것이다. 그렇다면 스스로의 생명을 유지하기 위해 필요할 경우 다른 어떤 생명체의 생명을 빼앗더라도 무조건 허용되는 것일까? 뿐만 아니라 도대체 우리는 무엇을 자신의 생명이나 삶을 유지하기 위한 최소 필요조건으로 생각해야 하는 것일까? 본질적으로 확대와 상승을 되풀이하는 인간 생명에 있어서 대체 불변의 최저 조건이라는 것이 있을 수 있는가? 설령 있다고 해도 그처럼 어떻게든 생존을 위한 최소한의 조건만을 충족시킨 삶을 과연 우리는 받아들일 수 있을까? 만약 불가능하다면 결국은 자신의 보다 나은 생존을 위해 인간은 다른 생명체를 어느 정도 희생시켜 자연을 자원으로 이용해야 하는 것 아닐까?

전체론자인 네스도 인간이 어느 정도는 다른 생명체를 희생시키지 않으면 안 된다고 인정했다. 레오폴드에게도 사냥은 최대 즐거움이었다. 다만 인간이 환경 파괴와 종의 절멸을 지나치게 빠른 속도로 진행시키고 있는 것에 대해 전체론자는 경고를 보내는 것이다. 그러나 환경이나 생태계 파괴가 결국은 인간 생존을 위협하는 상황을 초래한다는 이유 때문에 자연관 내지 삶의 방식을 근본적으로 변혁시키고자 하는 것이라면, 그것은 결국 인간중심주의 외의 아무것도 아니다. 공생을 목표로 하고 그것을 위해서는 어느 정도 인간의 자기희생을 허용하는 전체론적인 사상을 설령 우리가 취한다 해도 그것 또한 본질적으로는 생태계 전체를 유지하기 위해 인간에게 특별한 사명을 부과하는 것이 될 수밖에 없다. 그런 의미에서 환경윤리란 어떤 의미에서 인간을 위한 것이다. 문제는 우리가 자기 생존의 의미와 좋은 점을 어떤 삶 속에서 이끌어낼 것인가 하는 점이다. 그리고 그것을 위해서 왜 전통적인 인간중심주의나 자연관이 문제인지, 그 문제를 환경 파괴라고 하는 눈앞의 상황만으로 판단하지 말고 그 세계관적 기초로부터 재고해볼 필요가 있지 않을까? 그러나 다른 한편으로 현실 상황을 더 이상 연기할 수 없다면 전체론적 환경사상이 지닌 엄격함 앞에 머뭇거리며 결국은 아무것도 하지 않는 것보다 설령 사상적으로는 문제가 있더라도 현실적으로 가능한 길을 선택하고자 하는 네오벤담주의적 철학자들의 태도에 인간적인 따뜻함을 느끼게 되는 것도 부정할 수 없다.

LAST MAN ARGUMENT
(지구상의 마지막 인간에 기초한 논증)

인간과 자연을 구분하기 위해 그 자연에 가치가 있다고 하는 경우, '인간중심주의적'으로 '자연은 인간에게 있어 수단으로서의 가치가 있다'고 할 수도 있을 것이다. 이에 대해 '자연의 가치가 그처럼 도구적 가치에 불과하다면 인간이 이 지구상에서 사라지는 순간 마지막으로 남게 되는 최후의 인간에게 있어 자연은, 자연에 가치를 부여한 인간이 사라지는 것이므로 역시 가치를 상실하게 된다. 자연을 파괴하는 것도 자연이 이미 가치를 상실했다면 아무런 악이 될 수 없다'라는 직관에 반하는 결론이 도출될 수도 있다. 즉 자연의 가치를 도구적 가치로 생각함으로써 이상한 결론에 도달한 것이므로 '인간중심주의'의 전제는 잘못이라는 논증이다. 이것이 표준적인 '마지막 인간에 기초한 논증LAST MAN ARGUMENT'이다.

그러나 이에 대해 자연 파괴는 그 자체가 악이라고 처음부터 전제해버렸다는 반대 비판도 가능하다. 자연의 비도구적 가치=내재적 가치가 논증된 것은 아니지만 일반적으로 자연의 내재적 가치성도 여전히 성공적으로 논증되었다고는 볼 수 없다.

제기되고 있는 논증의 대부분은 거기에 위장된 형태로 일종의 '인간중심주의'를 혼입시키고 있다. 예컨대 '자연을 지키는 것은 인간의 삶을 풍요롭게 한다'라는 형태로. 오늘날 '비인간중심주의'가 폭을 넓히고 있지만 진정으로 '비인간중심주의'가 되기 위해서는 '인간의 삶을 가난하게 하더라도 자연을 지키는 것이 우선이다'라고 말할 수 있어야 한다. 또 인간도 엄밀하게 말하면 그처럼 '가난하지만 자연을 지켜야 한다'는 사태에 스스로 만족할 수 있어야 한다. 그러한 '만족'이 근거가 될 경우, 인간중심주의와 비인간중심주의 간의 대립은 결국 물질적 이해利害와 정신적 이해 간의 대립이 된다. 이때 자연보호라는 주장은 실은 위장된 정신적인 것(문화)의 주장이 돼버린다. 이처럼 극단적으로 생각해보면 자연보호도 '인간중심주의'에 자리하고 있지만 그러나 그것을 가능한 한 확대하는 형태로 말하는 쪽이 생산적이라 할 수 있다.

7. 남성과 여성의 차이는 차별인가

가 나 이   요 시 코

테제 **남녀 간의 어떤 차이도 인정해서는 안 된다**

안티테제 **남녀의 차이(특성)를 인정한 평등이라야 한다**

**남성화 평등과
여성화 평등**
위의 테제와 안티테제는 근대 평등사상에 있어서 대립적인 논리 구도를 취하면서도 실은 긍정과 부정의 관계에 있다. 적어도 1970년대, 제2기 페미니즘이 등장하기까지는 그러했다. 제2기 페미니즘은 성적 차별을 철폐하기 위해서는 성에 따른 일체의 구별을 인정해서는 안 된다는 것을, 즉 특성론 비판을 운동과 이론 양 측면에서 과제로 설정했기 때문이다. 그것은 안티테제인 특성론을 부정하고 테제인 평등론, 즉 '다르지만 같은' 것이 아니라 어디까지나 '인간으로서 동등'하다는 원칙을 재확인한 것이었다. 그러나 제2기 페미니즘의 특성론 비판은 테제에 나타난 평등론으로의 단순한 회귀가 아니다. 거기서는 안티테제의 특성론을 부정하고 있을 뿐만 아니라 테제의 평등론 또한 부정하고 있다.

근대사회가 만든 '인간으로서 같다'는 평등관은 결국 '인간은 곧 남성'이라는 인간상에 여성을 통합시킨 것일 뿐이며, 남성중심 사회의 가치질서에 동일화할 것을 강요한 '여성을 남성화한 평등'일 뿐이다. 그 점을 간파한 지점에 바로 제2기 페미니즘 평등론의 패러다임 변화가 있다. 페미니즘의 평등 과제인 '여성을 남성화한 평등'에서 '남성을 여성화한 평등'으로의 전환이라고 해야 할 커다란 사건이 거기에 있지만, 그러나 페미니즘에 있어 보다 결정적인 패러다임의 변화는 젠더 개념을 발견한 데 있다. 생물학적 성인 섹스sex로부터 성의 사회적·문화적 구성의 측면을 구별하기 위한 젠더gender 개념이야말로 성차의 생물학적 환원론에 따른 본질주의로부터 페미니즘이 이륙하는 중요한 계기가 되었기 때문이다. '남성화된 평등'에 대해 '여성화된 평등' 혹은 젠더 개념을 도입함으로써, 또는 형식적 평등에 대해 실질적 평등·결과적 평등이라는 사고를 통해 페미니즘은 근대의 평등론과 특성론의 아포리아를 어떻게 극복하고 있는가? 또 차이와 차별의 문제를 어떻게 극복하고 있는가?

긍정과 부정의 관계에 있는 평등론과 특성론

원래 '인간으로서 같기' 때문에 남녀는 평등하다고 보는 '평등론'의 사고는 법 앞에서 인간의 평등을 주장한 근대사회의 인권 이념에 그 근거를 둔다. 이는 근대적 인권사상, 계몽사상의 성립을 배경으로 한 인간관이며, 이성은 인간 모두에게 평등하게 배분되어 있으므로 성차는 무화無化 내지 극소화할 수 있다는 사고다. 이러한 입장에 선 근대의 대표적인 사상가로는 밀J. S. Mill을 들 수 있다. 그러나 이 이성적 인간상은 어디까지나 추상적인 인간 주체일 뿐, 현실적 인간은 성을 지닌 존재로서 살아간다. 남녀의 생물학적 차이와 성차는 당연히 존재한다. 평등이라는 목표는 이러한 성차를 없앰으로써 이를 수 있는 것이 아니라 그 기능적 특성을 배려하여 '다르지만 같은' 것을 인정함으로써 이를 수 있다. '특성론'적 평등관은 바로 이런 평등관에 기초하여 양성 간의 조화로운 세계를 실현하고자 하는 것이다. 원래 그 사상적 뿌리는 근대 계몽기를 대표하는 사상가 루소에까지 소급할 수 있다. 루소야말로 성차는 자연에서 유래하는 본래적인 것이고, 출산은 여성의 사명이며 따라서 가정 내 역할이 여성에게 할당되는 것도 자연이며, 여성에게는 여성 영역에서의 역할을 다하도록 하는 여성을 위한 교육이 필요하다는 특성론, 기능평등주의의 원형을 만든 사상가다. 이 '이질적이지만 평등'하다는 사고는 실은 근대의 평등사상을 보완하는 형태로, 근대주의적·이성주의적 인간관에 대해 인간의 정념이나 감성 또는 자연의 가치를 칭송하는 사상 조류로서 낭만주의나 모성주의 또는 자연주의적 담론을 등장시켰다. 이 특성론적 평등주의가 어떻게 뿌리 깊게 근대사회에 살아남았는지는 '개인의 존엄과 양성의 본질적 평등'을 역설한 일본 헌법 및 '교육에서의 남녀 평등'을 담은 교육 기본법 아래에서도 남녀 학교를 구분하는 시스템, 또는 '여성교육'의 이념이 뿌리 깊게 살아남은 것에 나타나 있다. 특성론은 전후 남녀평등헌법의 이념도 규정하고 있다. 이 특성론 위에 서 있는 평등 이념과 교육관이 성에 따른 차별을 만들어낸 배경이라 하여 명확하게 비판받은 것은 전후 30년이 지난 국제연합 여성의 해를 맞이해서였다.

이처럼 근대적 인권에 근거를 둔 페미니즘은 그 성립 초기부터 평등론과 특성론의 상반된(그러나 긍정과 부정의 상보적 관계에 있는) 원리를 내재하고 있었다. 실제로 근대사회는 법 앞에서 인간 평등의 원리를 확보하는 한편, 사회를 공사公私 영역으로 구분하고 거기에 남녀의 성별역할분업 규범을 주입한 사회 시스템을 만들어왔다. 거기서 성별역할분업의 규범적 근거에는 생물학적인 자연적 여건으로서의 성차에 기초한 본질주의가 내재되었다. 즉 제1기 페미니즘에서는 '인간으로서 같다'는 평등 원칙에 기초하면서도 그 생물학적 특질, 즉 아이를 낳는 성이라는 기능적 특성 때문에 여성을 근대사회의 인간 모델 외부에 두고 '지체된 근대인'(이류 시민)으로 규정해온 성차별주의의 현실을 내버려두었다.

평등 전략에서의 여권주의와 모권주의

따라서 '인간으로서 같다'는 원칙을 적용하는 데 있어 평등화를 주장하는 흐름과, 반대로 여성의 고유성을 보존·존중하는 의미에서 '다르지만 같음'의 평등이 있다는 페미니즘의 두 가지 주장은 여성 해방 전략을 차별화했다.

널리 알려져 있듯 평등론에서 이러한 해방 전략의 차이는 전전戰前에는 여성운동 내부의 '모성보호 논쟁'에서 상징적인 형태로 나타났으며, 요사노 아키코의 '여권주의'와 히라츠카 라이테우의 '모성주의'(또 여기에 야마카와 기쿠에의 사회주의 페미니즘, 다카무레 이츠에의 '생태학적 페미니즘'도 가담한 논쟁)의 대립이 대표적이다. 여권주의가 참정권을 축으로 한 여성의 정치적·경제적 권리의 확립(법제상의 평등 달성)과 여성 개인으로서의 근대적 자아 확립(가족제도로부터 해방)을 지향하는 반면, 모성주의는 히라츠카의 유명한 말이 상징하듯 모성을 통한 여성의 자기실현, 모성의 가치를 존중한다. '원래 어머니란 생명의 원천이며 여성은 어머니가 됨으로써 개인적 존재의 영역을 벗어나 사회적·국가적·인류적 존재가 되므로 어머니를 보호하는 것은 여성 한 개인의 행복을 위해서뿐만 아니라 그 자식을 통한 전 사회의 행복과 전 인류의 장래를 위해서도 필요하다'고 역설한다.

그러나 때로 이 특성론에 따른 모성주의나 여성원리주의적 주장에는 근대사회의 산업화나 도시화가 야기한 부정적 측면에 대한 인식, 즉 어떤 형태로든 포스트모던적 문제의식이나 '근대사회 비판'의 의지가 들어 있다. 그러는 한편 이러한 모성주의적 특성론의 주장은 근대 이전으로 회귀하고 회복하는 공동체주의나 모성주의를 찬양하게 된다. 전전 및 전후 시기에 여성의 사회 진출이 활발해지고 성별분업 체제와 가족제도의 기반이 약화되면서 '여자는 가정으로 돌아가라'는 목소리가 높아지고, 페미니즘에 대한 억압이 강해진 것이 그 증거다. 즉 근대적 평등주의의 주장이 강해지면 반드시 그것에 대한 낭만적 반동으로 특성론이 부상하는 경향이 있다.

그런데 선진국의 여성해방운동이 법률적·제도적으로 여성의 지위 향상과 남녀평등을 달성하고 '인간으로서 동등하기' 위한 평등을 제도적으로 이룬(형식적 평등) 뒤에도 여전히 여성의 현실에는 성에 따른 불평등이나 차별이 존재한다. 즉 '실질적 평등'이나 '결과의 평등'은 여전히 실현되지 못했다. 그것을 가로막고 있는 최대 장벽이 특성론을 바탕으로 한 기능 평등론에 있다는 것을 깨달았을 때, 페미니즘 운동은 크게 전환한다. 즉 '다르지만 동등한 것'으로서 남성과 여성의 차이를 인정하는 것이 남녀 사이의 자원과 재산 등의 사회적 배분이나 사회적 기대 등의 불공정을 낳고, 교육이나 기회의 불평등을 시인하는 결과가 되며 결국 그것은 남녀의 사회적 지위나 성적 관계에서 힘의 편중·불균형을 초래하게 된다. 결과적으로 남성 우위, 여성 열위의 위치관계와 성의 비대칭적 관계가 굳어지는 것이다. 또 남성·여성의 성차를 각각의 성에 본질적인 것으로 여기고 고정관념적인 여성상·남성상을 만들어낸다. 남녀의 생물학적 성차, 생식기능에 기인하는 차이가 복장·태도·말씨에서 시작해 성적 행동까지 모든 행동 양식을 규정하고, 또 가치판단이나 도덕적 의식, 감정 측면까지 관통하는 본질적인 차이를 만들어내는 것이다. 성차 간의 차이, 즉 남성·여성의 성적 차이를 한없이 확대하고 또 그것을 본질적 차이로 여기는 이러한 사고가 성 내부의 차이, 즉 남성·여성 사이의 개인차를 없애고 개개인 행동의 다양성이나 자유에 얼마나 억압적으로 작용했던가? 제1기 페미니즘에서는 그 점을 인정하지 않았고 따라서 이것을 여성과 남성의 육체적 차이에서 기인한다는 생물학적 환원론에서 벗어나지 못했던 것이다.

젠더의 비대칭성/ 계층성의 발견: 탈기능평등주의

페미니즘이 성차의 생물학적 환원론에서 벗어난 계기는 젠더의 비대칭성/계층성을 발견한 데 있었다. 생물학적 성차를 표시하는 섹스에 대해 사회문화적 성·성차로서의 젠더 개념을 설정함으로써 페미니즘의 평등 인식은 결정적인 전환점을 맞았다. 성을 자연적 여건으로서가 아니라 사회적 구성물로 인식함으로써 고정적인 성별역할규범의 자명성은 약화되었고, 특히 여성은 생물학적 암컷의 운명에서 해방되는 계기를 얻었다. 특성론이 전제로 삼아온 생물학적 환원론과 성차 본질주의, 또 성차의 비대칭성(남성 우위, 여성 열위의 위치관계)이 근본적으로, 또 비판적으로 도마 위에 오른 것이다. 거기서 설정된 것이 바로 젠더 개념이다. 근대 평등사상에는 '평등론' 및 '특성론'과는 다른 '탈기능평등론'이라고 해야 할 영역이 있다는 것이다. 즉 남자와 여자를 구분하는 것, 젠더에 의한 성별 분할에서 발생하는 불평등 문제, 차이의 계층질서화의 원인이 발견된 것이다.

원래 '사회적으로 구축된 성'으로서의 젠더는 자신의 성을 '여성이라든가' '남성이라든가' 하는 형태로 인식하거나, 또는 사적인 일상생활에 직접적으로 나타나는 남녀 차이에서 비롯된 '남자다움·여자다움'의 규범, '남자는 학력·수입·키, 여자는 젊음·아름다움·소박함'이라는 남녀의 다른 가치 기준, 또 남자에게는 성의 방종(혹은 공격성), 여자에게는 정절(혹은 수동성)을 인정하는, 성적으로 불평등한 가치 기준인 '성 도덕의 이중 잣대'까지 포함한다. 이러한 가치 기준이 다양한 사회제도와 결합해 성 영역뿐만 아니라 도덕이나 미의식에 이르기까지 남/녀의 의식과 행동을 규율하고 있다. '성별에 따른 구분의 문제'는 이처럼 확대되는 가운데 과제로 떠오른 것이며, '개인적인 것은 정치적인 것'이라는 급진적 페미니즘의 명제는 '젠더 폴리틱스(여성정치)'의 그러한 확대와 깊이를 잘 보여주고 있다.

그 때문에 이 젠더 인식으로부터 귀결되는 페미니즘의 해방 전략은 양성 간의 차이를 한없이 축소시키는 데(성차의 최소화) 있고, 국제연합 여성의 해에 체결된 '여성차별철폐조약'은 그것을 기능평등론 비판으로써 제기하고 있다. 구별하는 것을 차별의 원인이라 보고 어떤 구별도 배척하는 것이다. 여기서는 남녀의 이질성을 생물학적 성차, 즉 수정·임신·출산·수유에 한정되는 것으로 보고 그 밖의 모든 것은 문화적 구축이며 학습에 의해 형성된다고 본다. 적어도 젠더 차원에서의 성차는 어디까지나 사회적·문화적으로 구성된 것이며 따라서 바뀔 수 있는 것이다. 그 때문에 운동 장면에서는 일견 쇄말주의(트리비얼리즘trivialism, 평범·진부·통속을 의미하는 라틴어의 형용사 트리비알리스trivialis에서 온 말. 사물이나 현상의 본질은 탐구하지 않고 사소한 문제를 상세하게 서술하려는 태도를 부정적으로 이를 때 쓴다—옮긴이)로 비칠 수도 있는 '출석부의 남녀별 선후 문제'나 '유치원생 제복의 남녀별 색깔 구분'을 비롯해 군대에 여성의 완전 참가 요구나 또는 남녀별 호칭의 비대칭성(미스·미세스, 주인과 아내 등)을 개혁하는 것을 포함해 구별과 차별을 둘러싼 정치적 도전이 이루어지고 있다. 사회 곳곳에 보이지 않는 장벽을 만드는 성별에 따른 선긋기가 가져온 차별을 고치기 위해 문화혁명적 젠더정치를 페미니즘의 운동·이론적 과제로 받아들인 것이다.

섹스/젠더에서 젠더/섹슈얼리티로 그러나 성차나 성에 대한 자기인식을 둘러싼 생물학적 결정론과 사회구성주의의 대립이 해소된 것은 아니다. 생물학적 환원론에 근거한 성차의 본질주의, 특성론을 부정했지만 생태학적 페미니즘이나 문화적 페미니즘처럼 젠더적 성차에서 여성 억압의 원인을 찾지 않고, 생물학적 성차를 긍정하면서 젠더 본질주의라고 해야 할 새로운 문화주의적 환원론이 다양한 형태로 재생산되고 있다. 오히려 성차를 미화하고 여성이 선천적으로 보유한 여성적 성질을 불변의 것으로 강조하는 사고다.

성을 둘러싼 논의가 젠더 개념에 따른 성차의 최소화, 성차 없애기 전략으로 귀결되는 것에 만족할 수는 없다. 다시금 성적 차이란 무엇인지를 탐문하면서, 즉 섹슈얼리티의 문제로서 성적 차이의 권리 부여를 위한 새로운 인식 패러다임을 밝힐 필요가 있다. 미셸 푸코 이후 성에 관한 다양한 연구, 성과학Sexology 영역에서 풍부한 식견에 입각한 입론에 따르면 성을 둘러싼 '본질주의 대 구성주의'의 대립은 이미 '생물학적 결정론 대

사회문화적 결정론'이라는 종래의 틀로는 파악할 수 없다고 한다(제프리 윅스). 섹슈얼리티가 귀속될 장소는 자연보다는 사회관계에 있다. 사랑과 성과 생식의 삼위일체관을 전제로 한 근대 섹슈얼리티는 결코 인류에 보편적인 방식이 아니고 어디까지나 근대라는 역사의 안쪽에 자리 잡고 있다. 따라서 그 변화도 역사와 함께한다는 인식에 근거해 섹슈얼리티의 본질주의가 숨어드는 것을 부정하고 있는 것이다.

그리고 지금 결혼·가족·섹슈얼리티 사이의 전통적인 연결고리가 끊어진 현실 앞에서 우리는 우리 사회의 '강한 도덕적 권위주의'에 기초한 근대적 섹슈얼리티 체제를 유지할 것인지, 아니면 인간 욕망의 신뢰에 기초한 '통제 완화의 자유론적 입장'에 설 것인지 갈림길에 있다. 그러나 그 어느 쪽도 아니다. 윅스는 '다원적 자유주의'를 제창한다. 섹슈얼리티의 역사화와 정치문제화를 향한 윅스의 기도는 페미니즘의 평등론에 커다란 시사점을 던져주고 있다. 페미니즘이 추구하는 정치가 억압의 정치에서 쾌락의 정치로 나아가기 위해서는 또 다른 패러다임의 변화를 요구한다는 의미에서 성적 차이를 없앨 게 아니라 성적 차이의 권리화, 남녀의 이항 대립을 탈구축한 다양성 속에서 논의해야 할 성적 차이로서 젠더/섹슈얼리티에 대해 깊이 있는 논의가 이루어져야 한다. 이것은 페미니즘의 다음 과제다.

제2부

좋은 삶에 관한
아포리아

8. 생명은 어떤 경우라도 존중받아야 하는가

시 나 가 와 데 쓰 히 코

테제 **생명은 어떤 경우라도 존중받아야 한다**(이하 T)

안티테제 **생명은 어떤 경우라도 존중받아야 한다고는 할 수 없다**(이하 A)

T의 주장은 곧잘 생명의 존엄성SOL: sanctity of life이라는 말로 표현된다. 이 말로부터 연상되는 것은 생명은 신성불가침이라는 것이다. 그것을 액면 그대로 받아들이면 T는 '어떤 종류의 생명도 무조건 존중해야 한다'(T₁)는 의미가 될 것이다. 그러나 삶을 영위하고 있는 어떤 자가 그런 주장을 한다면 자가당착에 빠질 수도 있다. 삶은 필연적으로 다른 생명을 희생시키면서 성립되기 때문이다. 미야자와 겐지의 애니메이션 「베지테리언 대축제」에 등장하는 인물들이 말하는 것처럼 채식생활자도 식물의 생명을 빼앗고 있으며, 더구나 한 포기의 양배추를 손에 넣기 위해 100마리의 벌레를 죽여야 할지도 모른다. 사실 모든 생명을 똑같이 존중할 수는 없다.

그러나 우리가 어떤 식으로든 생명을 존중하고 있는 것도 사실이다.

사람의 생명은 항상 존중받고 있으며 또 가장 크게 존중받는다. 그렇지만 그것이 사실이라고 해서 곧바로 정당화되지는 않는다. 그것이 우리 인류의 단순한 동료의식을 표현한 것에 불과하다면, 싱어와 같은 동물해방론자가 비판하듯 인종차별과 마찬가지로 자의적인 종차별에 지나지 않기 때문이다. 여기서 인간의 이기주의에 기초해 논의를 중단할 작정이 아니라면 사람의 생명, 적어도 사람의 생명을 포함한 어떤 종류의 생명을 존중하는 것은 그 생명이 특정한 질QOL: quality of life, 특정한 대우를 받을 자격을 가지고 있기 때문이라는 근거를 보여주어야 한다. 그 결과 '어떤 종류의 생명은 존중되어야 하지만 또 다른 종류의 생명은 존중받지 않아도 좋다'라든가, '생명은 그 종류에 따라 존중받는 정도가 다르다'는 결론에 이르면 A의 주장은 지지를 받게 된다. 단 거기서 반박되었던 것은 T의 1(T₁) 해석에 지나지 않는다. 그러나 T의 다른 해석을 발견하기 위해서라도 지금 기술한 우회로로 나가는 것이 좋을 듯하다.

우선 존중해야 할 범위를 졸속으로 축소시키지 않도록, 또 존중한다는 의미를 구체화하기 위해 '고통을 느끼는 자에게 고통을 줘서는 안 된다. 생명을 빼앗길 때는 고통스럽다. 그렇기 때문에 죽여서는 안 된다'(A₁)는 것에서 출발해보자. 만약 고통을 고통의 감각이라 생각한다면 식물은 존중되어야 할 생명에서 제외된다. 채식주의도 여기서 성립된다. 원래 고통을 느끼는 자에 대해서도 위와 같은 이유에서라면 죽을 때의 고통이 다른 고통보다 작은 경우에는 생명을 존중하지 않아도 된다. 예컨대 말처럼 신경계가 분화되어 중추신경이 고도로 발달한 동물이라 해도 주사 자체의 고통이 같다면 예방주사와 안락사를 위한 주사에는 차이가 없다. 그러나 이 두 가지가 인간에게는 완전히 다른 일이다. 인간은 미래의 자신이나 현실과는 다른 자신에 대해 상상할 수 있는 지속적인 자기의식을 갖고 있기 때문에, 자신의 죽음을 예지하는 것 자체가 이미 고통이다. 이처럼 감각능력과 자기의식으로 생명의 질을 나눈다면, 생명을 빼앗는 일은 감각능력이 없는 자에 대해서는 허용되고 또 자기의식은 없지만 감각능력을 가진 자에 대해서는 죽을 때의 고통을 없애주는 한 허용되는 반면, 자기의식을 가진 자에 대해서는 허용되지 않는 결과가 될 것이다(A2).

이 회답은 오직 고통받는 당사자의 이해利害나 관심, 즉 직접적인 영향만 고려한 것이다. 그러므로 이런 이유라면 예컨대 감각능력이 아직 발달하지 않은 태아는 존중받아야 할 생명에서 제외된다. 직접적인 영향에만 한정시켜 말한다면, 헤어R. M. Hare가 말하는 것처럼 태아가 중절되지 않고 성장했을 때 건강·경제·가정 상태 등에 비추어 그 삶을 선택해야 할지를 상상할 수밖에 없다. 식물 상태 환자에게도 직접적인 이해는 없는 것으로 간주된다. 그렇다면 태아의 중절이나 식물 상태 환자에 대한 치료 중지를 검토할 때 왜 태아의 부모나 환자 가족의 의향을 중시하는가? 그것은 우리가 직접적인 영향만이 아니라 당사자 이외의 사람들의 이해나 관심, 즉 부차적인 영향을 고려하기 때문이다. 그 때문에 예방주사라고 속여서 안락사 시키는 것은 설령 직접적인 피해가 없다 해도, 그 사태를 알고 있는 제3자를 불안하게 하는 것만으로 이미 허용될 수 없다. 그렇다면 아무도 모르는 경우는 어떨까? 그래도 우리가 그 행위를 악이라고 여긴다면 그것은 피해자의 자율을 침해했기 때문이다.

자율이란 자신의 삶을 스스로 결정하는 것을 의미한다. 기만은 본인의 상황 판단을 흐리게 하므로 옳지 못하다. 설령 기만당한 사람이 행복하다 해도 자율은 이미 그 본인이 느끼는 주관적 가치와는 상관없이 존중받지 않으면 안 된다. 더구나 자율적인 존재는 타인의 주관적 가치를 실현하기 위한 도구가 되어서는 안 된다. 왜냐하면 자율에 기초한 행위여야만 행위자의 책임을 추궁할 수 있고 선이나 악으로 평가할 수 있으며, 자율이 무시되면 애초에 도덕적 평가 자체가 성립될 수 없기 때문이다. 그리고 이처럼 단순히 도구가 되어서는 안 되는 자율적 존재와 단순히 도구적인 존재, 즉 인격과 물건은 구분된다. 단 물건도 인격에게 소유되는 한 보호를 받는다. 그 물건에 손상을 가해서 안 되는 이유는, 그것이 생물이라 해도 살아 있다는 이유 때문이라기보다는 소유자의 인격을 침해하는 일이 되기 때문이다.

생명과 가치의 이러한 분리를 인격은 자기 자신에게 적용할 수 있다. 어떤 사람이 온갖 방법을 동원해도 치료할 수 없는, 격심한 고통밖에 남지 않은 짧은 여생을 살기보다 안락사를 선택하거나 또는 회복 불능의 식물 상태가 되었을 때의 치료 중지를 미리 밝혀두었을 경우, 본인에게 판단능력이 있고 그 결정이 오판이 아니라면 자율을 존중하는 한 용인해야 할 것이다. 그렇다면 자살은 어떤가? 흄은 용인한 반면 칸트는 부정했다. 그러나 흄은 삶이 더 이상 행복을 달성하기 위한 도구가 될 수 없다고 생각했기에 자살을 용인했고, 칸트는 생명의 존속을 추구하는 경향성이 고통을 피하기 위해 범하는 자기모순이라는 이유로 자살을 부정했다. 어느 쪽이든 생명 그 자체의 가치보다 오히려 자율적일 수 있는 범위가 어디까지인지, 어디서부터 어디까지가 자신인지 하는 것이 문제다. 자신의 장기를 팔아도 좋은가 하는 난문도 여기에 속한다. 이렇게 인격을 가진 자의 생명만을 참으로 존중해야 할 생명이라 한다면, 동시에 존중해야 할 경우라도 '그 인격이 (언제나 그렇듯이) 살아갈 것을 선택할 때'라는 조건을 부여하게 될 것이다(A₃).

자율은 단순한 욕구가 아니라 도덕이 성립되는 기반이므로 인격은 자율적으로 결정할 수 있는 사항에 대한 권리를 가지고 있다. 권리가 어디로부터 생겨나는가는 그 자체로 어려운 문제이지만, 사회계약론에 따르면 우리가 사회를 형성하는 것은 최소한 이로써 안전한 생존을 확보할 수 있기 때문이다. 그렇다면 홉스가 말했듯이 자기 자신을 죽음과 투옥과 장애로부터 구하는 권리는 양도할 수 없다면, 사회 그 자체, 예컨대 국가가 침략이나 악법에 의해 국민의 생명을 박탈하고자 할 때(역학관계상 실효성이 거의 없다고 하더라도) 국민은 국가와의 계약 무효를 주장할 수 있다. 그에 비해 불가피한 자원 부족이 원인이 되어 국민의 생명을 위협하는 경우라면 계약 무효를 주장할 논거가 약해질 수밖에 없다. 생존권이란 조심스럽게 말하자면 부당하게 살해되지 않을 권리이지 생존하기 위해 사회의 자원을 무제한 향유할 수 있는 권리는 아니다.

의료자원도 한정된 자원이다. 그렇기 때문에 어떻게 배분해야 할지가 문제가 된다. 예컨대 의학적으로 비슷한 조건의 환자 누군가에게 장기를 이식해야 할 경우, 즉흥적인 배분을 피한다면 역시 어떤 기준에 따라 배분의 최우선 순위를 정할 수밖에 없다. 킬너 J. F. Kilner는 그 기준으로서 환자의 사회적 가치, 연령, 정신능력, 얻을 수 있는 편익의 전망·기간·질, 환자의 적극성, 지불능력 등을 들고 있다. 이 기준에서 점수가 낮은 사람은 장기 제공 후보자가 되기 어렵다. 어떤 기준을 택하든 우리는 인명에 어떻게 점수를 매겼는지 폭로할 수밖에 없다. 다케다 다이준 武田泰淳이 던진 질문처럼, 신이 노아를 선택한 것은 신에게 노아가 필요한 인간이었기 때문이듯 인류 또한 인류에게 필요한 인간을 살아남아야 할 인간으로 선택해야 하는 것일까? 그것이 꼭 이기주의는 아니다. 선택받지 못할 것 같은 사람도 사회의 일원으로서 그 기준을 지지할지 모르기 때문이다. 오히려 그것은 사회 전체를 덮고 있는 건강하고 정상적이며 활동적인 인간의 이데올로기라고 해야 할 것이다.

생명을 그 질을 기준 삼아 나누면 그에 따라 존중해야 할 정도도 바뀐다. A의 주제는 배분의 공정, 정의다. 장기처럼 글자 그대로 무엇인가를 나누는 것이 아니더라도 서두에서 제시된 A의 주장은 각자에게 맞는 몫을 준다는 것, 즉 정의를 지향하고 있다. 그러나 참으로 정의가 논점인 것일까? 임신중절이나 치료 중지에 관해 생각할 때 생명의 질적 차이, 생존할 자격·권리의 유무, 인격인가 아닌가 하는 점이 문제인 것일까?

우리가 각기 다른 상황의 죽음에서 느끼는 감정은 드워킨R.Dworkin에 따르면 자연이나 인간이 그 생명에 지금까지 걸고 있었던 것이 허사가 되고, 또 지금부터 걸려고 하는 것이 좌절된 데에 대한 슬픔에서 유래한다. 이 단 하나의 이유 때문에 막 임신한 태아의 유산을, 남은 삶에서 많은 것을 기대하고 있던 성인의 죽음을 또는 오랜 기간에 걸쳐 진화해온 종의 멸종을 슬퍼한다. 분명히 그때까지 걸고 있던 것이나 지금부터 걸려고 하는 것이 빈약하면, 혹은 이미 성취한 것이 크면 슬픔은 약해진다. 그러나 열등한 질의 생명이기 때문에 슬퍼하지 않아도 되는 것은 아니다. 생명에 질적 차이는 없다. 생명은 그 살아 있는 자의 주관적 평가나 도구적 평가와는 독립되게 그 자체로 본질적 가치를 지니고 있다. 이리하여 우리는 T의 새로운 해석, 배분이나 정의와는 별도로 성립한 해석을 발견하게 된다(T2).

요나스는 생명이란 모두 목적을 가지고 있다는 형이상학을 전개했다. 그 목적을 파괴하는 것은 곧 악이다. 인류는 무수한 종을 멸종시켜왔기 때문에 죄가 가장 많다. 그렇지만 인류가 존속해야 하는 이유는 인간만이 책임을 지고 도덕적으로 평가받을 수 있는 존재이기 때문이다. 그렇다면 어느 정도의 인구가 존속해야 할까? 그것은 인류의 자원 배분, 즉 정의의 문제이며, 대지윤리에서는 말할 것도 없고 요나스에게도 문제가 되지 않는다.

대지윤리에 따르면 어떤 종도 생태계라는 공동체를 구성하는 불가결의 성원이기 때문에 공동체 안에서 동등하게 존속할 권리를 가진다. 이런 이유에서 보면 지켜야 할 것은 개체의 생명이 아니라 생태계 안에서 적정한 각각의 종의 개체수다. 앞에서 보았듯이 개체마다 생명의 질을 평가하는 견해는 자기의식이나 감각능력이라고 하는, 다른 것으로부터는 원리적으로 접근할 수 없는 영역에서 그 근거를 구하며 그 때문에 해부학이나 생리학의 지식을 원용하지 않을 수 없다. 이와는 달리 생명의 질적 차이를 준별하지 않고 생명 일반을 존중하는 입장이 지식을 매개로 한 간접적인 이해가 아니라 생명을 가진 존재와 직접적으로 공감할 수 있다고 생각하는 경향이 있음은 이해하기 쉽다. 대지윤리의 법학자 스톤 C. D. Stone이 그의 논문에서 물 먹은 잔디의 기쁨에 대해 말한 것은 우연이 아니다.

눈 속에서 새싹을 틔워 자라나는 너도밤나무의 뿌리 근처에서는 마치 칼로 도려낸 것처럼 눈이 녹는다. 그것을 볼 때 우리는 너도밤나무의 생을, 생명을 가진 존재의 열정을 실감한다. 감히 베어버릴 수 없는 위엄을 거기서 느낀다. 분석해보면 그것은 너도밤나무가 인내해온 겨울이라는 시간, 서서히 주위의 눈을 녹여 싹을 틔우기까지의 시간에 대해 우리가 느끼는 외경인지도 모른다. 생명이 그때까지 이루려 했던 것의 성취. 목적의 달성. 그것은 시간 없이는 있을 수 없다. 다만 우리가 감탄하는 것은 단순히 시간의 길이가 아니라 살아 있는 자가, 우리가 마주하고 있는 거기에 그렇게 있기까지 시간이 무르익었고, 또 그 시간은 한번 잃어버리면 다시는 되돌릴 수 없다는 바로 그 점이다. 그리고 삶이란 다만 살아 있는 그 시간에 지나지 않기 때문에, 살아 있는 자에 대한 이러한 공감이 성립되는 것은 아닐까?

　이렇게 생각해보면 서두에 기록한 T와 A는 정말 안티노미인지 의심스럽다. A의 주제가 정의라면 T의 주제는 살아 있는 자에 대한 선한 태도다. 물론 정의를 완수하는 것 자체는 선한 태도이며 선한 태도는 정의를 요청한다. 많은 생명을 구하기 위해서라면 울면서도 한 생명을 먹겠지만, 그 한 생명이 자신이더라도 자신을 희생하겠다고 하는 「베지테리언 대축제」의 채식주의자의 생각은 T에서 도출된 정의다. 대지윤리는 생태계 전체에게는 T를, 종의 개체수에게는 A를 추구하고 있다. 그러나 근본적으로 T는 '내 삶의 방식'을, A는 '사회의 존재 방식'을 지향하고 있다.

　그런데도 T와 A가 서로 대립하는 것은 다음과 같은 입장 차이 때문이다. 가령 우리가 스스로 살아가기 위해선 어떤 식으로든 생명을 희생시키지 않으면 안 된다는 불가피한 하나의 사태를 놓고, A에서 보면 T는 실천적으로 도움이 되는 지시를 내려주지 않기 때문에 무책임하게 여겨지고, 한편 T에서 보면 A는 허망한 근거 위에서 지시를 내리고 있기 때문에 무책임하게 여겨지는 것이다. 「베지테리언 대축제」의 채식주의자가 "동물도 불쌍하지만 인간도 가련합니다"라고 한 말은 T의 지지자들에게는 A를 주장하는 사람들의 기반이 약함을 폭로하는 것이지만, A를 지지하는 사람들에게는 단순한 감상에 지나지 않을 것이다. 그러나 이 말이 전하는 슬픔은 살아 있는 모든 것에 대한 자비로 전환될 수 있을지도 모른다. 슈바이처에 따르면 자기실현과 헌신이야말로 윤리의 궁극적인 목표이며, 또 그 둘을 동시에 실현할 수 있는 것은 자신의 생명과 다른 모든 생명에게 똑같은 외경심을 품는 것이다. 그러나 우리 각자가 그러한 차원에 도달하는 것은 단순한 지적 이해만으로는 부족하며 거기에도 또한 각각의 그때를 필요로 할 것이다.

하인즈 딜레마

하인즈는 아내가 중병에 걸려 위독한 상황이었다. 유일하게 나을 수 있는 방법은 어떤 특별한 약을 먹는 것이었다. 그러나 그것은 매우 비싸서 살 수 없었다. 어떻게 해서든 구하고 싶다고 약국 주인에게 눈물로 호소했지만 허사였다. 결국 그는 약국에서 그 약을 훔치기로 마음먹었다. 그런데 하인즈는 아내의 생명을 구하기 위해 그렇게 해야 했을까? 아니면 범죄를 저지르지 않기 위해 그렇게 하지 말았어야 했을까?

도덕심리학자인 콜버그는 이 '하인즈 딜레마' 사례에 대한 다양한 해답을 집계·분석하고 거기서 도덕성의 발달 단계 패턴을 아래와 같이 이론화했다.

1. 관습 이전 수준
　1) 벌과 복종에 대한 지향
　2) 도구주의적 상대주의 지향
2. 관습 수준
　3) 대인적 동조 혹은 '착한 아이' 지향
　4) '법과 질서' 지향
3. 관습 이후 수준, 자율적·원리화된 수준
　5) 사회계약적 법률 지향
　6) 보편적인 윤리적 원리 지향

이는 세계 전체에 걸쳐, 즉 보편적인 것으로 적용될 수 있음이 통계적으로 증명되었다고 했다. 콜버그의 이러한 주장에 대해, 이는 보편주의적 정의의 관념을 축으로 한 것으로 도덕성의 또 하나의 요소인 사랑을 부당하게 경시하고 있다는 비판이 가해진다. 예컨대 길리건 C. GILLIGAN은 그러한 남성적인 도덕관 이외에 구체적인 인간관계를 중시하는 여성적인 도덕관이 존재한다며, '또 다른 목소리'로서 '배려'의 윤리학을 대치시키고 있다. 예를 들면 야마가와 다카시가 강조했듯이 특히 생명윤리학 등 응용윤리학에서 이것은 중요한 위치를 차지하고 있다.

이러한 대립은 윤리학 고유의 영역에서도, 예컨대 하버마스의 보편주의에 대응하여 특수성을 강조한 벤하비브S. BENHABIB의 비판이라는 형태로 전개되었다. 타자(이 경우 타자의 생명)를 존중한다고 해도, 하버마스의 경우엔 아내 역시 단순한 한 사람의 타자로서 존중되는 것인데 이를 벤하비브는 '일반화된 타자'에 머문다고 비판한 것이다. 영미권에서도 특히 '일상 도덕'의 강조로서, 같은 타자라 해도 자신에게 가까운 사람을 더 많이 배려하는 것은 자연스러운 일이고, 그것은 윤리적으로 봐도 정당하다는 주장이 있다.

9. 도덕적 행위는 보상받을 수 있는가

세 키 네   세 이 조

테제 도덕적 행위는 보상받을 수 있다

안티테제 도덕적 행위는 현세에서든 내세에서든 보상받지 못한다

두 목소리

고교 동창생의 자동차가 우연히 터널을 스쳐 지나가고 있었다. 한쪽에는 친구 집에서 놀다가 아침에 돌아가는 여성이 타고 있었고, 다른 한쪽에는 출근 중인 성실한 청년이 타고 있었다. 그때 한순간 낙반 사고가 일어나 여성은 간발의 차로 터널을 빠져나가 구출되었지만 청년은 터널에 부딪혀 암반 밑에 깔리고 말았다. 1996년 2월 홋카이도 도요하마 터널 붕괴 사고에서 실제로 있었던 일이다. 이 동창생 가운데 어느 쪽이 '도덕적'이었는가? 구체적인 것은 모른다. 그러나 이 사건이 운명의 장난, 성실한 청년이 '보상받지 못하는' 모순, 신도 부처도 없는 것인가 하는 논조로 보도된 것은 사실이다. 그리고 이러한 모순을 우리는 실생활에서 자주 목격한다. 도덕적 행위는 보상받는 것이 아니다.

아니 그렇지 않다는 의견도 있다.

전날도 TV에서 지하철 사린 사건(옴진리교 사린가스 테러 사건—옮긴이) 1주기를 맞아 순직한 직원을 조문하는 광경을 보았다. 실로 애통한 일이다. 저 사람들은 생명을 바쳐 많은 사람을 구해냈다. (…) 위대한 사람들이다.
나이를 먹어 마음이 약해진 나는 지켜보는 것이 괴로워 전원을 껐다. 끈 뒤에 저 사람들의 영혼은 행복한 하늘나라로 갔을까? 그렇다면 다행이라고 생각하면서도 '너는 정말 그렇게 믿는가' 하는 나 자신의 또 다른 목소리를 들었다.
그 모든 것이 지어낸 이야기라면 저 죽음은 무엇으로 보상받을 것인가? 이 불확실성 속에서 그들이 보다 많은 사람을 위기에서 구해냈다는 사실에 나는 다시 한번 고개를 숙였다.(요시다 히데카즈, 「음악전망」 『아사히신문』, 1996년 4월 18일자)

현세에서 보상받지 못하면 내세에서라도 꼭 보상받아야 한다는 생각이 이처럼 '불확실성' 가운데 되뇌어지는 경우도 있다.

구약에서의 아포리아 '도덕적 행위는 보상받을 수 있는가?'라는 질문을 끝까지 추궁하면 우리는 이처럼 긍정적인 답과 부정적인 답으로 분열된다. 그러한 아포리아를 통시적이라고는 하지만 모럴 아포리아의 역사상 전형적인 형태를 보여준 것으로 구약성서를 들 수 있다. 도덕적 행위는 보상받는다는 테제를 구약에서 예를 들어보자.

주님께서는 올바른 것을 사랑하시고 당신께 충실한 이들을 버리지 않으신다. 그들은 영원히 보호를 받지만 악인들의 자손은 뿌리째 뽑히리라.(시편 37:2)

주님께서는 의인의 갈망을 채워주시고 악인의 욕망을 물리치신다.(잠언 10:3)

전통적인 신앙에서는 신이 정의롭다면 선인선과, 악인악과라는 응보 법칙이 이 세상을 지배할 것이라고 주장했다. 그러나 시대가 흘러오면서 실제로 그런 법칙은 기능하지 않는다는 냉철한 현실 인식에 입각하여 이러한 신앙에 의문을 표한다. 헬레니즘 시대의 니힐리스트 코헬렛은 이를 다음과 같이 정식화했다.

악인들의 행동에 마땅한 바를 겪는 의인들이 있고 의인들의 행동에 마땅한 바를 누리는 악인들이 있다는 것이다. 나는 이 또한 허무라고 말한다.(코헬렛 8:14)

그렇다면 구약에서는 무엇을 근거로 각각 상반되는 명제를 주장했을까? 잠시 두 명제의 논거를 찾아보자.

구약에서의 테제

도덕적 행위는 보상을 받는다. 그것은 개인이든 공동체든 다양한 실례가 증명해주고 있다. 남색男色과 방탕에 몸을 맡겼던 소돔 사람들은 도시 전체가 유황 불로 뒤덮여 멸망했으며, 그들로부터 신의 사자를 지키기 위해 자신의 딸을 희생양으로 바친 롯은 가족과 함께 그 난을 피할 수 있었다.(창세기 19) 70명의 형제를 살해하고 왕위에 오른 아비멜렉은 그 대가로 여자가 떨어뜨린 맷돌에 머리가 으스러져 숨졌다.(판관기 9) 이에 비해 히즈키야는 역대 왕 가운데 특히 경건한 왕으로 알려져 있으며(열왕기 하 18:3-6), "부와 명예의 혜택을 입었다."(역대기 하 32:27) 이러한 응보의 원리는 아주 자명한 일이므로 히브리 말로는 '의義'를 뜻하는 체다카 fzedakah 가 동시에 그 결과로서의 '행운'을 의미하며 '죄'를 뜻하는 '아번'은 그 값인 '화'를 의미한다. 신의 응보 의지는 율법으로 구체화되고 불법 행위에는 대가와 형벌이 따랐다. "목숨은 목숨으로 갚아야 하고, 눈에는 눈으로, 이에는 이로……"(탈출기 21:23-24) 이리하여 도덕에 대한 응보의 원리는 법률적으로 보증되었다. 물론 의인이 멸망하는 일도 있을 수 있지만 이것은 동포의 죄에 물들고(이사야서 6:5), 선조의 죄를 짊어져야 했던(탈출기 20:5, 신명기 5:9) 연대책임의 원칙 때문이었다.(예레미야서 31:29, 에제키엘서 18:2 참조) 그들도 타자의 불의에 물들어 있었고 완전한 의인은 아니었던 것이다.

구약에서의
안티테제

앞에서 인용한 시편이나 잠언은 이른바 지혜문학에 속하는데, 아직 지혜의 위기를 경험하지 않은 바빌론 유수 이전(유대인이 포로로 바빌로니아 지방에 끌려가기 전―옮긴이)의 행복한 시대의 작품들이다. 이 시대의 이스라엘은 복수의 동격 집단으로 구성된 분절적segmentär 사회로 거기에는 여전히 연대책임의 원칙이 살아 있었다. 그러나 유수기 이후 바빌로니아 등 거대 제국이 중앙집권적으로 경제에 개입하기 시작하면서 이 분절적 사회 구조는 붕괴된다. 하느님께 등을 돌리고, 이교 국가의 종교도덕에 아첨을 떠는 불의한 자가 법망을 빠져나가 경제적으로 성공하는가 하면 그렇지 않은 자는 오히려 몰락하는 사태가 발생한다. 이러한 사태는 연대 책임의 원칙으로는 설명할 수 없으며 그것에 기초한 단순한 응보 법칙에 오히려 반하는 것이다. 인생의 응보적 교훈을 말한 옛 지혜는 여기서 위기를 맞게 된다. 이러한 현실을 직시하고 응보 법칙은 거짓말이라고 갈파한 사람이 후기 지혜문학의 영웅 코헬렛이다. 도덕적 행위는 보상받지 못한다. 그리고 코헬렛이 인과응보를 깨뜨리고 '공허함'을 지적했을 때, 그 '공허함'의 연원은 이처럼 '보상'을 하는 하느님에게 있다. 마찬가지로 "의인은 물론 악인도 하느님께서는 심판하시니"(3:17), "그 업을 사람은 간파할 수 없기"(3:11) 때문에, 즉 하느님은 부조리하므로 공허한 것이다. 그럼에도 불구하고 사람들은 말할지 모른다. 이 세상에서 보상받지 못한다 해도 내세에서 의인은 천국으로 올라가고 죄인은 지옥으로 떨어지므로 응보의 이치가 맞다고. 그러나 코헬렛의 냉철한 눈은 결국 그것도 희망적인 관념이 만들어낸 것에 불과하다고 한다. "사실 인간의 아들들의 운명이나 짐승의 운명이나 매한가지다. 짐승이 죽는 것처럼 인간도 죽으며 모두 같은 목숨을 지녔다. (…) 모든 것이 공허하기 때문이다. 모두 흙으로 이루어졌고 모두 흙으로 되돌아간다."(3:19-20) 이리하여 코헬렛은 내세를 만들어 현세의 응보가 깨진 허무함을 호도하는 것도 미련 없이 거부했다. 도덕적 행위는 현세에서 보상받지 못하며 다른 어딘가에서도 보상받지 못한다.

안티테제의 재고

위의 코헬렛의 인식을 읽으면서 니체의 니힐리즘의 본질론을 떠올리는 이들도 있을 것이다. 니체의 니힐리즘 이해에는 변화가 있지만 정신착란을 일으키기 직전 원숙기인 1887~1888년에 집필된 것으로 여겨지는 단편(『권력에의 의지』)에는 이렇게 적혀 있다.

심리학적 상태로서의 니힐리즘이 도래할 수밖에 없는 것은, 첫째로 우리가 모든 사건 가운데서 실제로는 거기에 없는 '의미'를 탐구하고 마침내 탐구자가 기력을 잃었을 때다. 둘째로 모든 사건 가운데서 하나의 전체성(…)을 만들어내고 최고의 지배·통치 형태라고 하는 (…) 사고에 도취될 때다. 심리학적 상태로서의 니힐리즘은 또 (…) 세 번째로 최후의 형식을 취한다. (…) 세계의 피안에 있는 하나의 세계를 참세계라고 날조하는 것이다. 그러나 이러한 세계는 다만 심리적 욕구에서 만들어낸 것에 지나지 않음(…)을 깨닫자마자 니힐리즘의 마지막 형식이 생겨난다.

이것이 니체가 이해한 니힐리즘의 도달점으로서 하이데거 등도 「유럽의 니힐리즘」(『니체』 2)에서 중시한 단편이다. 하이데거의 해설을 참조하면서 약간의 해석을 덧붙인다면, 첫 번째 '의미'는 니체 자신이 '목적'이라고 바꾸어 말하기도 했는데 하이데거는 그 예로 '영원한 평화'나 '최대다수의 최대행복'과 같은 포괄적 목적을 들고 있다. 두 번째의 전체성을 하이데거는 "만물을 통치하는 유일자에 근거한 만물의 통일화"라고 설명한다. 이처럼 차안의 삶에 의미를 부여하는 목적이나 세계를 질서짓는 통일성이 설령 없다고 해도 마지막에 '빠져나갈 길'로 남겨놓은 것은 '피안의 참세계', 즉 '피안의 영원한 행복'(하이데거)과 같은 관념의 '조작품'이다. 그러나 이것도 결국 '환영'에 지나지 않는다는 사실을 인정했을 때 사람들은 일체가 무가치하다는 감정에 휩싸여 최종적으로 니힐리즘에 이른다는 것이 니체의 통찰이다. 이처럼 코헬렛은 응보의 신의 작용은 어디에도 없다고 갈파하며 두 번째 논점을, 또 내세의 존재도 부정하여 세 번째 논점을 충족시켰으며 다시 거기서 "헛되고 헛되니 모든 것이 헛되다"(1:2)라는 결론에 이르렀을 때, 첫 번째 논점도 충족시킨 것이라 생각된다. '헛되다는 것'은 "유익한 것이 없다"(2:11)는 것을 말하며 힘들여 달성해야 할 '목적'이 존재하지 않는다는 인식(4:1-3)에 다름 아니기 때문이다. 결국 코헬렛은 충실한 니힐리스트라는 결론에 이르지만, 지금 문제로 삼고 싶은 것은 그 니힐리스트의 저변에 있는 '신은 죽었다'는 인식이다. 코헬렛의 경우는 미묘한 문제를 포함하고 있지만 그 또한 적어도 전통적인 신의 존재를 완전히 부정하고 있다(4:1, 17, 3:19-21 등). 니체는 "신은 죽었다. (…) 그리고 신을 죽인 것은 우리다"(『즐거운 학문』)라고 말하고, 하이데거는 이를 데카르트 이후의 주관주의적 형이상학이 기독교를 포함한 유럽 형이상학 전체의 종언을 가져왔다고 해석했다. 도덕적 행위가 보상받지 못하는 것은 코헬렛 당대부터 일상적으로 경험해온 것이며 더구나 대규모 전쟁의 살육 등을 목격한 현대인에게는 매우 자명한 사실이지만, 그래도 응보의 신이 존재하고 현세가 아닐지라도 내세에서 보상받는다면 안티테제의 논조도 약화된다. 그러나 그 신도 부처도 사실은 존재하지 않는다고 니힐리스트들이 통찰했을 때, 도덕적 행위가 보상받지 못한다고 공언하는 데는 아무런 장애도 없다.

테제의 재고 '신은 죽었다'라는 니힐리스트의 표어에 대해서는 마르틴 부버Martin Buber처럼 "아니 신은 죽은 것이 아니다, 일식이 생겼을 때 태양은 죽는 게 아니라 숨어 있듯이 현대는 하느님의 일식Gottesfinsternis 시대로 신은 숨어 있을 뿐"이라고 독선적인 변호를 시도해도 크게 의미는 없을 것이다. 신이 죽었든 숨어 있든 어디에서도 경험할 수 없다는 것을 니힐리스트들은 이 표어에 의탁한 것이며, 마치 자기 자신만이 신을 뚜렷하게 경험하고 있는 것처럼 위에서 아래를 내려다보듯이 한 부버의 발언은 하느님의 일식을 예민하게 경험하는 현대와 어긋나 있다. 따라서 이것은 자기 시대의 정의와는 맞지 않을 뿐 아니라 '키마이라주의'(그리스 신화에 등장하는 키마이라Chimaera[영어로는 키메라Chimera]는 소아시아 리키아의 괴물로 다양한 동물의 부분으로 만들어졌음. 환상적인 생각이나 상상 속 존재를 가리키는 말로 쓰임—옮긴이), 즉 종교적 환상주의, '자기 신격화'의 '니힐리즘' 그 자체(야코비의 피히테 비판)이고 자신도 시대의 아들에 불과하다는 자기상대화의 관점이 지나치게 결여되어 있다는 비판을 면할 수 없다.

오히려 니힐리즘에 대한 반론은 그 내세관 주변에서 시작하는 편이 낫지 않을까? 즉, 니힐리스트들은 무엇을 근거로 내세가 없다고 단언하는 것인가 하고. 내세가 있다는 것은 '불확실'하지만, 그것이 없다는 것 역시 '불확실'하지 않은가? 아니, 사랑을 아는 자에게 있어서 내세는 오히려 현세보다 더 확실한 것이 아닐까? 반도덕적인 폭력으로 사망한 사람의 영혼이, 지금 이미 '행복한 천국'에 살고 있다는 것은 그를 사랑하는 사람들에게는 자명한 사실이 아닐까? 그 죽음 앞에 '머리를 숙일' 수밖에 없었던, '생명을 걸고 많은 사람을 구한' 숭고한 행위에 대한 기억과 함께 그는 우리 가운데 살아 있다. 객관적으로 과학이 증명할 수 없기 때문에 불확실하다고 하는 것일까? 그러나 그렇기 때문에 과학을 대신해 베리만의 「가을 소나타」나 세리자와 고지로의 「사랑과 죽음의 글」 등 무수한 예술이 사랑하는 사람의 영혼이 영원한 행복 가운데 있음을 증언해온 것은 아닐까? 종교의 내세 사상도 그것이 단순한 도그마가 되거나 혹은 신자를 위협하는 도구로 전락하는 일이 있다고 해도 원래는 그러한 사랑을 아는 사람의 확실한 경험에서 연원하는 것이 아닐까?(니힐리즘 세 번째 논점에 대한 반론) 니힐리즘에 대한 반격의 거점은 사랑에 있다. 원래 "일체의 생기 가운데 (…) '의미'가 없다"고 하지만,

> 나는 또 태양 아래서 자행되는 모든 억압을 보았다. 보라, 억압받는 이들의 눈물을! 그러나 그들에게는 위로해줄 사람이 없다. (…) 나는 이미 오래전에 죽은 고인들이 아직 살아 있는 사람들보다 더 행복하다고 말했다. (…) 이 또한 허무요 바람을 잡는 일이다.(코헬렛 4:1-4)

이렇게 역설을 즐기며 결국은 타자를 위해 수고하지 않고 다만 수수방관하고 있기 때문에 "'의미'가 없는" 것일 뿐, 자신의 목숨을 걸고 '많은 사람을 위기에서 구한' 것이 의미가 없다고 할 수는 없다.(니힐리즘 첫 번째 논점에 대한 반론) 무릇 사람은 다른 사람과의 관계 속에 있으며, 야기 세이치八木誠一의 선명하고도 강렬한 비유를 빌린다면, 마치 자기장 안의 못이 작은 자석이 되어 북극과 남극을 서로 끌어당겨 결합하듯이 그 타자와의 관계 속에서 참다운 자기가 되는 것이다.(『불교와 기독교의 접점』) 때문에 거기에는 저절로 자기장에서의 자력이라고 하는 '만물을 통치하는 유일자에 기초한 만물의 통일화' 작용이 있으며, 그렇다고 하면 거기에는 현세까지도 응보의 원리가 작용하고 있다고 할 수 있지 않을까? 왜냐하면 자기장 작용 밖으로 나와 고립되어 움직이지 못하는 못과 같이 사는 사람은 설령 코헬렛처럼 풍부한 지식의 소유자라 해도 정신적으로는 이미 죽음의 형벌을 받은 것이나 다름없으며 역으로 자기장의 작용에 몸을 맡기고 타자와의 관계 속에서 생기 넘치게 살아가는 사람은 이미 풍부한 보상을 받았거나 혹은 거기서 타자를 위해 죽는다 해도, 육체는 죽었지만

그 정신은 본래적인 생의 숭고함을 보여줄 것이기 때문이다.(니힐리즘 두 번째 논점에 대한 반론) 참고로 '신은 죽었다'는 니힐리즘의 슬로건은 그들이 신을 오직 '만물을 통치하는 유일자'로서 유적有的으로밖에 이해하지 않았음을 증명하는 것이 아닐까? 이 무적無的인 자기장의 작용을 버려두고 다른 어딘가에서 신을 망상하고 있는 것은 아닐까?

**테제는
계속된다**

이렇게 논의하다보면 결국 테제가 우세해짐으로써 아포리아가 성립되기 힘든 것 아닌가 하는 생각이 들지도 모른다. 그러나 그것은 필자가 논의하려는 바가 아니다. 타자와의 관계를 인간의 본래적 모습으로 파악했다는 것을 재음미함으로써 또는 니힐리스트들에게 있어서 신에 대한 무적 이해의 가능성을 모색함으로써 이 테제 또한 흔들릴 것이다. 그러나 여기서는 인간의 본래적 모습을 묻는 질문이 '인생에 궁극적 의의는 있는가' 하는 다음 아포리아와 연결되어 있음을 시사하는 것에 그치고자 한다. 여기서의 고찰을 상대화하여 다음 장에 연결시키는 것으로 일단 펜을 내려두고 싶은 것이다.

죄수의 딜레마

예컨대 함께 도둑질을 하여 따로따로 체포된 두 사람 A, B가 각각 조사를 받고 있다고 하자. 두 사람 모두 자신만 자백하면—협상을 통해—즉시 석방되지만 상대만 자백하면 10년의 형기가 예상되며 또 함께 자백하지 않으면 1년, 함께 자백하면 5년의 형기가 예상된다고 하자.(표 참조)

구분	죄수 B의 자백	죄수 B의 침묵
죄수 A의 자백	각자 5년씩 복역	A—석방 B—10년 복역
죄수 A의 침묵	A—10년 복역 B—석방	각자 1년씩 복역

이때 A, B는 모두 자신이 자백하는 편이 유리하다고 생각되면 상대가 누가 됐든지 자백할 것이다. 그러나 그 결과는 5년형이다. 한편 여기서 예를 들어 체포되기 전에 '자백하지 말자'고 약속하고 함께 그 약속을 지킨다면 1년형으로 끝난다. 즉, 쌍방이 약속을 지키는 경우가 쌍방이 자신에게 유리한 쪽을 생각하여 행위하는 것보다 유리하다.

이 '죄수의 딜레마'라 불리는 사태는, 이기주의적 행위보다 약속을 지킨다는 도덕적 행위가 유리함을 보여주는 모델로 도덕을 정당화하는 논증으로 사용되기도 한다. 이를테면 고티에D. GAUTHIER가 그 대표적인 예다.

그러나 정당화는 그리 간단하지 않다. 이 모델에서 쌍방이 약속을 지킨 결과가 1년형인 데 반해 자신만 자백하는 쪽은 이보다 유리하기 때문이다. 도덕이 정당화되려면 이 "자신만 자백한다"는 경우가 실제 사회에선 있을 수 없음을 보여줘야 한다. 그래서 '반복 게임'('죄수의 딜레마' 게임에서 최악의 결과가 초래되는 것은 게임을 한 번밖에 하지 않기 때문이라 보고, 게임을 반복하여 실행하면 협력할 수도 있다는 입장—옮긴이) 모델을 설정하여, 여기서는—두 번째로 체포된 경우 한 번 배신한 사람은 상대방이 약속을 지킬 것이라는 점을 기대할 수 없게 되므로 —'자백하지 않는 편이 유리'하다는 것을 보여주는 형태로 정당화가 진행된다.

게임이론은 예를 들면 국제관계론 등 사회과학 분야에서 널리 적용되는데, 그 기본 모델로 작용하고 있는 것이 '죄수의 딜레마'다. 국제관계는 국가를 초월한 권력이 존재하지 않는다는 점에서 바로 '죄수'들 사이의 관계와 같다. 단순화시켜 말하면, 네오리얼리즘(국제정치에서의 기본적인 의사결정 주체는 합리적 행위자로서의 국가이며 국가 간 합의를 집행하거나 합의의 준수를 강제하는 세계정부와 같은 중앙정부가 존재하지 않는다는 의미에서 국제관계는 무정부 상태로 특징지을 수 있다고 간수함. 이 경우 무정부 상태라는 국제관계의 구조적 특징 때문에 약속의 신뢰성 문제가 공통의 이익 실현을 저해하는 사태['죄수의 딜레마' 상황]가 발생하는데, 이는 곧 국가 간 협력은 어렵다고 보는 입장—옮긴이)은 "죄수가 자백하는 쪽이 유리하므로 약속을 어기는 것과 마찬가지로, 국가도 자국의 이익만을 생각하는 쪽이 유리하므로 국제 협력관계는 유지하기 어렵다"고 주장한다. 반면에 신자유적 국제주의neoliberal institutionalism(제도적 틀에 의해 향후의 협력 가능성이 나타나거나 정책 협조가 용이해짐으로써 국제협력이 성립할 수 있다고 보는 입장—옮긴이)은 "반복 게임에 따라 생각해보면 협력관계가 성립할 수 있다"고 주장한다.

10. 인생에 궁극적 의의는 있는가

다 니 류 이 치 로

테제 **인생에는 궁극적 의의나 목적이 있다**

안티테제 **모든 것은 흘러가며 허무하다**

**인간,
끊임없이 묻는 자**

사람이라면 누구나 일상생활에서 벗어나 문득 '인생이란 무엇인가?' '인생에 궁극적 의의는 존재하는가?' 등 소박하고 절실한 물음에 사로잡힐 때가 있다. 그러한 근원적인 반성의 계기는 사람마다 다르겠지만, 대부분 거기에는 영혼을 흔들어버릴 것 같은 놀라움과 회의, 또는 마음에 스며드는 슬픔이나 고통이 동반된다. 어쨌든 막연한 형태라 해도 인생 그 자체에 대한 물음에 직면했을 때에는 도저히 고정된 사고틀로는 해결할 수 없는 불가사의한 것, 현실이라 할 수 없는 현실이 모습을 드러낸 것처럼 여겨질 것이다.

바꿔 말하면 '인생이란 무엇인가? 거기에는 궁극적 의의나 목적이 있는가?'라는 질문은 각종 전문적인 지식이나 기술적인 지식으로는 파악할 수 없는 무척 소박한 것이지만, 그렇기 때문에 우리는 마지막까지 그 물음을 되풀이할 수밖에 없다. 그것은 또 언젠가 완전한 답변이 주어짐으로써 문제 그 자체가 해소되는 일은 있을 수 없는 수수께끼이자 신비이기도 하다. 왜냐하면 우리는 확실히 어느 정도 이성적으로 그리고 자유롭게 각자의 인생을 살고 있다지만, 그러한 삶은 인간적인 삶으로서 원초적으로 주어진 조건 안에서 수행될 수밖에 없기 때문이다. 즉, 우리는 싫든 좋든 인간의 자연적인 본성natura을 짊어지고 그 가운데서 살아가야 하며, 스스로의 본성 그 자체를 벗어던질 수는 없다. 또 아무리 자율성을 지니고 있다고 큰 소리 쳐도, 이 땅에 자신이 생존하고 있는 것 자체가 어떤 절대적인 소여에 기반을 두고 있음을 부정할 수는 없다.

고전이 말하고자 하는 것

그런데 유한한 존재물이, 특히 언어·지성적 존재자인 인간이 존재하고 있다는 수수께끼에 대해 동서양을 막론하고 예로부터 수많은 철인이 몸소 싸우며 갖은 방법으로 대응해왔다. 그것은 글자 그대로 인류의 지적 유산으로서, 또 오늘날 쉽게 능가하기 어려운 고전으로서 우리에게 부여되었고 동일한 탐구의 길을 걸어갈 우리를 초대하고 있다. 즉, 인생이 그리고 인간이 존재해야 할 궁극적인 모습으로서 그들 고전이 말하려는 것은, 예를 들면 '만물을 통괄하는 로고스(언어, 근거)에 따르는 것, 혹은 신과 닮은 사람이 되는 것'(고대 그리스), '창조주인 신의 모습을 닮아가는 것, 사랑에 있어서의 전일적全一的인 사귐'(헤브라이, 기독교), '우주적인 나와의 합일'(인도), '번뇌를 벗어나 열반에 드는 것'(불교) 등과 같은 표현들이다. 이들은 각각의 전통이 탐구했던 도道를 잠정적으로 한마디로 표현한 것에 지나지 않지만, 그 전통이 인간의 사색과 명상의 정수라 불러야 할 수많은 고전에 갈무리되어 있고 무한한 가능성을 간직하고 있다는 것은 새삼 말할 필요도 없다.

회의와 그 근저

그렇다 해도 다른 한편으로 시대를 불문하고 모든 진리탐구를 능멸하는 듯한 생각이 존재했던 것도 사실이다. 그것은 진리나 존재, 선, 신 등의 의미를 탐구하는 일에 의심의 눈초리를 보내며, 체념이라고도 달관이라고도 할 수 있는 태도에 침잠하고자 한다. 그 가장 극단적인 형태는 '모든 것은 흘러가고 모든 것은 허무하다'라고 단정짓고, 진리의 존재뿐만 아니라 그것의 탐구 가능성 자체를 뿌리째 부정하는 회의론이다. 또 그만큼 극단적이지는 않더라도 자연과학이나 실증과학의 모종의 탐구 방법은 그 영역 설정에서 어떤 식으로든 회의주의, 몽매주의(계몽되는 것을 피하고 지식의 습득을 아예 포기하려는 사고방식이나 태도—옮긴이)의 전제를 끌어안고 있는 경우가 많다.

예를 들면 물질적 요소로의 환원을 취지로 고군분투해온 물리학은 처음부터 '존재란 무엇인가?' '인간이란 무엇인가?' 하는 물음에 전체적으로 언어를 통해 대답하기를 회피하고, 대상적인 검증·기술이 가능한 테두리를 지키려는 노선 위에 있다.(원래 지금의 양자론이나 천체물리학 등은 물질과 우주의 기원을 추구하는 가운데 원초적으로 전체적인 흐름·움직임이 있다는 결론에 도달했다. 그것은 물적 요소나 개체, 그리고 시간조차도 그 존립 의미가 돌파될 듯한 전체적인 움직임으로부터 일종의 질서 있는 우주가 탄생한다고 하는 경이로움 앞에 서 있다고도 생각할 수 있다. 이런 의미에서 그것은 거칠게 말하면, 구약성서 창세기의 말을 받아들여 신적 로고스에 의한 창조의 신비를 명상하고 사색했던 교부들의 관점과 닮은 듯하다. 후기 스콜라학의 유명론적인 개체 파악을 출발점으로 하면서 이른바 독립 노선을 취하고, 그 후 두드러진 발전을 이룩한 자연과학이 지금은 최첨단에서 스스로의 학적 기저를 넘어서는 위상을 예감하고 있다면 거기에는 일종의 역사적 흐름, 원천에로의 회귀라는 성격조차 인정되어 흥미롭다.)

혹은 또 감각적인 현상의 기술이나 일상 언어의 분석과 같은 것에 논의의 틀을 제한하거나, 상대성의 장에서 '돌연 상대주의를 옹호하며 공리주의적 명제를 규범으로 삼는 방식 등은'이라고 그 한정된 탐구 영역 안에서는 각각 큰 강점과 풍부함을 보여준다. 그러나 거기에는 가장 기본적인 것으로 인간이 유한한 존재이면서도 선의 초월성에 관여해가는 방법에 대한 모종의 체념, 벗어나기 힘든 회의가 숨겨져 있다.

그것은 차치하고 '인생에 궁극적 의의나 목적이 있는가? 만약 있다면 우리는 현재 어떤 형태로든 그 궁극적 목적에 관여할 수 있는가?'와 같은 물음을 탐구하는 입구에서, 우선 음미해야 할 것은 '만사는 흘러가버리고 공허하다'고 단정지으며 진리의 탐구 가능성조차 부정하는 극단적인 회의론이다.

그러한 회의론의 근저에 존재하는 것은 이른바 '감각=지식'설인데 이는 다음과 같은 주장으로 나타난다. 즉, 모든 지식의 관문이자 원천은 감각이다. 그러나 감각은 끊임없이 옮겨다니며 잠시도 같은 것에 머물지 않는다. 따라서 우리는 어떤 일에 관해서도 결코 참다운 판단을 내릴 수 없으며, 확실하고 참다운 지식을 획득할 수 없다. 그리고 흘러가버리는 감각과 그것에 기초한 지식의 공허함을 말하는 이와 같은 주장이 대상 사물에 대해서까지 확장되어 닥쳐올 때 '만사는 흘러가고 공허하다'는 막막한 회의가 든다. 이런 의미에서 모든 것, 모든 사건은 결국 물적 요소의

이합집산에 불과하다는 단순한 유물론적 발상은—그것은 오늘날 자연과
학에 대한 신봉과 더불어 상식이 되어버렸지만—그 근저에 '감각=지식'설
을 일종의 전제로 삼고 있는 것이다.

그러나 '감각은 그리고 모든 것은 흘러간다'는 표현에는 적어도 하나의
난점이 따라다니고 있다. 왜냐하면 '모든 것은 흘러간다'는 것이 어쨌든
일정한, 의미 있는 말로 성립된다면 그 말 자체는 흘러가지 않기 때문이
다. 즉, '모든 것은 흘러간다'는 것을 하나의 존재로서 파악하고 주장하는
것은 그 자체가 스스로의 주장을 무너뜨리는 셈이 된다. 그 때문에 '만사
는 흘러가고 모든 것은 공허하다'와 같은 회의론적 주장에 대해서는 무엇
인가 밖으로부터의 진리나 신의 존재를 강요하며 대항할 필요가 없다. 참
다운 것과 진리는 그 탐구 가능성을 부정하는 자들 사이에서조차 다분
히 역설적인 방법으로 침투해 머물러 있기 때문이다.

거기에서 재차 등장하는 것은 '혼'이나 '정신' 같은 말이다. 그것은 원래
모든 것이 지나가버리는 듯 보이는 세계에서, 그 무언가를 어쨌든 '하나
의 존재'로 파악하여 현존하게 하는 작용을 부르는 이름이다. 그처럼 무
언가를 하나의 존재·참다운 존재로 파악하는 것은(설령 그것이 '만사는 흘
러가는' 경우라 해도), 생성 소멸의 소용돌이 속에서 못을 박는 일이라 해도
좋다. 그렇다면 그 '존재하는 것'의 성립에는 아마도 광의의 언어·로고스
적 작용이 원초적으로 관여하고 있으리라 생각된다.

'창조의 장'으로의 회귀

그런데 예컨대 눈앞의 한 송이 백합조차 그것이 어떤 '하나의 존재'로서 '존재하는' 이유는 현상의 근저에 깊이 감춰져 있어서, 단순히 백합을 구성하는 물적 요소를 거슬러 올라가 탐구한다 해도 결코 해명할 수 없다. '많은 요소의 잡다한 복합'과 '백합이라는 하나의 이름, 하나의 존재로 성립'된 것 사이에는 무한한 격차가 있을 것이다. 그렇다면 예컨대 백합이라면 백합이라는 이름을 파악·현출하여 그것과 만났을 때, 우리는 백합이 백합으로서 존재하는 것, 즉 그 자연·본성을 규정하고 있는 어떤 초월적인 로고스적 작용에 접하고 있는 것이다. 그때 물론 인간이 백합이라는 구체적 사물을 창조하는 것은 아니지만, 한편으로 미리 다수로서 존재하는 어떤 객체를 전제하고 그것을 외적으로 수용하는 게 아니라 오히려 백합이 백합으로 존재하기 시작한 원초적인 장에, 그리고 결국은 창조의 로고스적 계기에 어떻게든 그때마다 회귀하는 것이라 생각된다.

다만 그것은 단조로운 일상적 의식에서는 다분히 감춰져 있고, 또 잡다한 욕망이나 집착에 사로잡혀 있을 때에는 일종의 전도된 지知의 양식을 취하고 있을 것이다. 그 때문에 창조의 장으로의 귀환이라는 사태는 인간 영혼을 근원에서부터 뚫고 나오는 듯한 놀라움이나 만남 가운데—하지만 그것은 특별한 사건이 아니라 그저 은밀하게 마음에 파고든 경험이라 해도 좋을 것이다—무언가 역설적인 방법으로 표현될 수밖에 없다. 왜냐하면 우리는 많든 적든 현실적 삶에서 다양한 정념이나 욕망에 사로잡혀 있으며, 마음 한구석에는 스스로를 옳다고 하는 아집, 오만한 본성을 가지고 있기 때문이다. 그럴 때 자기 존재 내지 본성은 모종의 비존재로 분산되고, 어느 정도 공동화돼 있다고 말해야 할지도 모른다. 그것은 보통 사람의 눈에는 감춰져 있으며, 또 스스로도 그것이라 의식하지 못한다. 그러나 기묘하게도 그처럼 은밀한 오만의 상태에 있을 때야말로 자기 존재는 이미 확보된 것으로 의식되며, 거기에 자기 존재의 허위가 불가피하게 혼입되어 있는 것이다. 따라서 창조의 장, 본래적인 자기에로의 귀환이란 통상 우리를 둘러싸고 있는 존재 파악의 틀 또는 가상의 세계가, 그리고 특히 자기 파악의 폐쇄성이 근원적인 만남으로 인해 파괴될 때 발동하기 시작한다. 그럴 경우 모종의 가상세계를 만들어 스스로를 거기에 가둬버리는 자기 자신은 하나의 수수께끼가 되지만, 그것은 우리가 무엇인가 초월적인 것·무한한 것의 작용에 접했을 때이기도 하다. 그리고 신(여호와, 테오스)이라는 말이 우리에게 절실한 의미를 갖게 되는 것은 바로 이러한 자기 존재의 수수께끼 안에서다. 널리 알려진 바와 같이 신·여호와는 그 이름이 '나는 스스로 있는 자'였는데(탈출기 3:14, 하느님께서 모세에게 "나는 있는 나다" 대답하시고, 이어서 말씀하셨다. "너는 이스라엘 자손들에게 '있는 나'께서 나를 너희에게 보내셨다' 하여라."—옮긴이), 그것은 본래 우리의 '나·자기'가 다시 한번 무화無化되는 것 같은 경험을 통해서만 어떤 방식으로든 드러나고 말로 표현될 수 있다.

그러나 초월적인 것·신적인 것과의 어떤 만남은 결코 단순히 무無세계적인 것, 유한하고 가변적인 세계를 버리는 것이 아니라 반드시 구체적인 이것, 이 사람과의 만남 속에서 싫든 좋든 부정적인 탐문과 함께 일어나는 그 무엇이다. 바꿔 말하면 자연적인 사물과의, 예술작품과의 그리고 사람과의 만남에서 만약 그것이 일시적인 자기를 근저에서부터 업신여기기라도 하는 듯한 놀라움을 감추고 있다면, 거기서 만나게 되는 것은 각각에 한정되고 대상화된 사물이나 사람인 동시에 그처럼 유한한 것과의 만남 속에 깃들어 있는 무한한 것·초월적인 것일 테다. 영혼에 각인될 것 같은 만남에서 우리가 타자 가운데 자신의 분신을 발견하고, 자신이 그렇게 존재하도록 하는 것에 대한 불가사의함에 놀라는 이유도 거기에 있다.

그러한 근원적 만남에서 우리는 자신에게 수수께끼를 던진 그 초월적 존재를 이번에는 스스로가 지향하고 사랑하는 존재로 받아들일 것이다. 그것은 예컨대 구약의 '아가'를 상징적이면서 영적으로 해석하는 전통처럼, 마치 사랑의 화살을 맞은 사람이 자신을 상처 입히고 모습을 감춰버린 연인을 언제까지나 찾아 헤매는 것에도 비유될 수 있다. 이는 교부·중세철학, 신학의 커다란 저류를 이루는 것이지만, 사실 오리게네스Origenes(185~253)나 니사의 그레고리우스Gregorius Nyssenus(335~395)와 같은 그리스 교부, 베르나르두스Bernardus(1090~1153)나 십자가의 요하네San Juan de la Curz(1542~1591)와 같은 중세 신비가들은 모두 이스라엘 민족에게 전해지던 연애시에서 신과 인간의 사랑을 상징적으로 읽어냈고, 무한한 신의 현존에로 끊임없이 자기를 초월해가는 모습에서 인간의 본질을 보았다. 이런 의미에서 '지혜를 사랑하여 구하는 길愛智'의 단서는 지금도 그 근저에서는 초월적인 것의 현존하는 숨결에 접하여 그것을 수용하고, 그 알 수 없는 초월적인 대상을 전심전력으로 사랑하고자 하는 데 있다. 애지愛智의 단서가 믿음의 성립인데, 거기서는 믿음과 지와 사랑이 근원적으로 결합해 불가피한 긴장을 유지하면서도 영혼·정신의 자기 초월적 형태로 나타나는 것이다.

신·존재를 수용할 수 있는 것, 전일적인 교류

인간은 예로부터 '신의 모습'에 따라, 또 그것을 보고 창조된 것으로 간주되어왔다.(창세기 1:26) 그러나 그것은 우리에게 결코 지나가버린 과거의 사실이 아니라 앞서 잠시 보았듯이 끊임없는 자기 부정, 자기 초월의 길과 함께 형성돼가야 할 것이다. 이런 의미에서 신의 말씀·로고스에 따른 창조(요한복음 1:3)란 우리에게 단순한 과거의 사건이 아니고, 또 완전히 무연의 것으로 끝낼 수 없으며, 우리 영혼의 근저, 무한한 몰아와 함께 비로소 실현될 수 있는 사태이자 '부단한 창조'로서 존재한다.

단, 신의 모습과 닮은 인간의 성립은 반드시 개인의 자기완성에 머물지 않으며, 또 한편으로 개체라는 것이 순수한 신성 속에 완전히 융해되고 소실되어버리는 것도 아니었다. 즉, 몸이 다양한 부위로 이루어져 있으면서도 어쨌든 하나인 것처럼, 신성神性·존재의 현현顯現이라는 것 또한 이 유한한 가변적인 세계에서는 단적인 동일성으로서는 존재할 수 없으며, 사람과 사람, 사람과 사물과의 다양하면서도 하나 되는 전일적 결합을 통해 비로소 실현될 수 있다. 거기서 인간은 '신성을 수용하고 머물게 할 수 있는 자'라는 본연의 이름을 얻게 된다.

이 변화하는 세계에서 우리는 말하자면 영원한 고향을 향해 걸어가는 나그네와 같다. 그러나 그 때문에 또한 모든 것, 모든 영위는 이 유한한 땅에서 신성의 현현·성육신이라는 단 하나를 향해 길을 열고 질서지우는 것이라 생각할 수도 있다. 예전 교부들의 말에 따르면 우리는 그러한 인생의 궁극적 목적, 지금 여기에 현현하기 위해 스스로를 바침으로써 '신성의 도구' '성령의 궁전'이 된다고 한다. 하지만 그처럼 인간으로서 진실을 갈구하는 것은 오직 마음을 다한 기도와 명상 속에서만 탄생하는 것이라 생각된다. 그리고 그 가장 단순한 하나의 기도, 하나의 현실은 아마 사람이 참으로 사람과 함께 있을 수 있는 모습, 신과 함께하는 죽음과 재생의 수수께끼·신비를 가리키는 것이리라.

11. 신앙은 시민생활을 넘어설 수 있는가

나 가 오 카   나 리 후 미

테제 신앙상의 의무는 시민적 의무를 초월한다

안티테제 신앙상의 의무는 시민적 의무를 초월할 수 없으며 오히려 그 하위에 속한다

일본에서는 창가학회(일본의 승려 니치렌日蓮이 주창한 불법을 신앙의 근간으로 하는 종교로, 1930년 11월 18일 '가치를 창조한다'는 뜻의 '창가교육학회'로 출발함―옮긴이)를 선두로 하는 신흥 종교 각파의 활발한 정치적 활동을 둘러싸고 정교분리가 하나의 사회문제로 인식되고 있으며, 세계를 둘러봐도 기독교나 이슬람교, 힌두교 등의 원리주의가 심각한 정치사회적 대립의 한 원인이 되고 있다. 이 움직임의 특징은 서양 근대 시민사회가 17세기 이후 구축해온 종교와 정치의 어느 정도 안정된 관계를 무너뜨릴 수 있는 사상·신념이라는 점, 또 직접적이면서 때로는 폭력적인 활동 양식을 보인다는 점이다. 그러므로 우리는 정교분리, 종교의 자유, 관용과 같은 여러 원칙의 의미를 새롭게 정립할 필요가 있다.

문제를 정리하기 위해 모럴 아포리아를 세워본 것이 위의 테제와 안티테제다.

그렇다면 우리는 이 아포리아를 어떻게 해결해야 할까?

로크에게 있어 신앙과 시민생활

현대 일본사회에서 '신앙'이란 (이상한 혹은 다른 사람에게 폐를 끼치는?) 취미의 일종으로밖에 여겨지지 않는다. 신앙을 갖지 않는, '신앙의 의무'를 이해하지 못하는 보통의 일본인들은 그 의무가 시민적 의무를 초월할 가능성에 대해서는 상상조차 할 수 없을 것이다. 그렇다면 앞에서 세운 아포리아도 이해할 수 없게 된다. 설령 일반적인 가능성으로서 이해한다 해도 당연히 시민적 의무가 우선되어야 한다는 결론을 내릴 것이다. 여호와의 증인이 그들의 신조에 따라 수혈을 거부할 때도, 그것은 당사자의 자기결정권에 속하는 일이라며 자유주의적 원리의 틀 속에서 판단하고 허용한다. 결코 그들의 신앙 의무를 인정한 것은 아니며, 그것이 시민의 의무를 넘어선다고 결론내린 것은 더더욱 아니다. 옴 진리교처럼 사회질서에 도전할 경우는 거기에 나름의 이유가 있을 것이라고는 아무도 생각하지 않으며 곧바로 단죄한다. 비록 열성적으로 시민의 의무를 다할 마음은 없다고 해도 시민적 질서에 반하는 것은 금기로 여겨진다.

그러나 이처럼 세속화된 사회의 '상식' 같은 것에 기초하여 위의 아포리아를 올바르게 이해하고 해결할 수 있을까? 오히려 17세기 '관용'의 원초적 모습을 찾아보고 신앙이나 시민생활을 원래의 다이너미즘dynamism(자연계의 근원은 힘이며 힘이 물질·운동·존재·공간 등 일체의 원리라고 주장하는 설—옮긴이)과 역동성에서 파악해볼 필요가 있지 않을까?

관용론의 중요한 선도자인 로크는 국왕과 의회 사이의 정치적 주도권

싸움에 로마 가톨릭, 영국 국교회, 청교도 간의 종파 투쟁이 얽힌 복잡한 상황에 직면해 인간을 내면과 외면으로 나누어 생각했다. 사람은 '그리스도의 신민'으로서는 '내면적인 인간'이며 위정자는 그 양심의 영역을 간섭할 수 없다. 신을 믿는다는 것은 품행의 기초이므로 신앙을 갖지 않는 사람은 짐승과 같다고 하여 관용의 원칙을 무신론자에게는 적용하지 않았다. 시민사회의 목적은 세속적 평화와 번영이며 현세의 행복을 자유롭고 평화롭게 향유하는 것이다. 반면에 종교사회(교회)의 목적은 내세의 행복을 달성하는 것이다. 신앙에 의탁한 로크의 강렬한 바람을 『지성지도론Of the Conduct of the Understanding』(1697)에서 인용해보자.

개개인은 현세적 생활을 유지하기 위한 특정한 천직 외에 의무적으로 추구해야 할 내세에 대한 관심이 있다. 그것이 그들의 사고를 종교로 향하게 함과 동시에 그 점에서 개개인은 바르게 이해하고 추론해야 할 강한 책임을 지게 된다. 따라서 어떤 인간도 종교적 용어를 오류 없이 이해하고 개념을 정확하게 만들어야 할 의무를 면할 수는 없다.

로크는 이처럼 신앙을 가지고 게으름 피우는 일 없이 그것을 갈고닦는 것은 모든 인간의 '의무'라고 생각했다. 그러나 한편으로 인간의 인식 능력에는 한계가 있다고 보고 진리에 관한 독단을 부정했다. 일정한 종교적 교설이 절대 진리로서 사람들을 강제하는 일이 있어서는 안 되며, 특히 세속 권력에 의해 그런 일이 자행되어서는 안 된다. 즉 신앙의 권리와 의무를 개인의 내면에 한정시킨 것이다. 로크가 체제 종교를 부정하고 '종교적 개인주의'를 견지했다고 일컬어지는 이유다.

그렇다면 '외면적인' 인간이 속해 있는 세속사회는 어떤가? 정치적 통치의 목적은 '생명, 자유, 건강, 고통으로부터의 해방, 외적 사물의 소유'로 제한된다. 인간은 현세에서 '정치사회로 들어가 결합된 힘으로 생활에 유용한 사물을 향유한다.' 이러한 지상적 속성에 대해 배려하는 것은 단순히 개개인의 자연권이 아니라, 오히려 인간을 자신의 '작품'으로서 이 세상에 보낸 신에 대한 의무다. 인간은 한편으로 자신의 '불사적인' 영혼 구제를 배려해야 할 의무가 있는데, 이는 각자의 내면세계에만 속하며 통치는 그것에 간섭할 수 없다. "참구원적 종교는 마음의 내적 확신 속"에 있다는 것이다.(『관용에 관한 편지』, 1689)

위에서 살펴본 바와 같이 로크에게는 인간의 외면에 속하는 세속적(시민적) 의무와 내면에 속하는 종교적 의무가 있는데, 이 두 종류의 의무는 어느 쪽이든 창조주 신에 대해 인간이 져야 할 의무라는 점에서 일치하며, 다른 한편 인간의 외면과 내면이라는 영역 구분이 명확하다는 점에서도 경쟁하거나 대립할 염려가 없다. 즉, 신앙상의 의무는 시민적 의무를 초월하는가, 아니면 그 하위에 속하는 것인가 하는 위의 아포리아가 로크에게는 없었던 것이다.

원리주의의 현재

로크로 대변되는 종교적 개인주의는 오늘날 적어도 원형 그대로는 존재하지 않는다. 17세기 이후, 서양 시민사회와 그 제도·사상을 수입하여 '근대'화한 여러 사회는 기본적으로는 세속화된 길을 걸어왔다. 단 그것이 종교가 불가역적으로 영향력이 약해졌음을 뜻하지는 않는다. 1970년대 이후, 특히 1980년대 이후에 세계 각지에서 볼 수 있는 종교 부흥 현상이 이를 단적으로 보여준다.

예컨대 이슬람에서 근대주의와 원리주의의 대립은 신앙의 의무와 시민적 의무를 둘러싼 우리의 아포리아를 다음과 같은 형태로 구체화하게 된다.

테제 여자의 할례(클리토리스의 일부 또는 전부를 도려내는 것)는 이슬람의 의무다.
안티테제 여자의 할례는 여성에 대한 폭력이며 시민적 의무에 반한다.

테제가 원리주의의 입장을, 안티테제가 근대주의 입장을 나타낸다는 것은 말할 필요도 없다.
또 이런 아포리아도 있다.

테제 자폭 테러는 훌륭한 순교이며 칭찬받아야 한다.
안티테제 자폭 테러에 시민을 끌어들여 피해를 입힌다면 용서할 수 없으며 그것은 순교로 여길 수 없다.

이 아포리아가 단순히 이론적인 상정이 아니라 실제 격한 대립으로 사회를 소란스럽게 하는 것에 현대 이슬람 국가들의 고뇌가 있다.

자신들이 믿는 '정의'를 위해서는 수단과 방법을 가리지 않는(폭력도 허용하는)다는 것은 전 세계 원리주의의 공통된 경향인데, 어떻게 그처럼 시민의 권리와 의무를 가볍게 여길 수 있을까? 이러한 경향에 안이하게 '광신'이라는 꼬리표를 달기 전에 그 역사 배경을 충분히 이해하지 않으면 안 된다. 그래야만 비로소 우리의 아포리아에서 현대적 의미를 읽어낼 수도, 또 아포리아를 해결할 단서도 발견할 수 있을 것이다.

사회인류학자인 오츠카 가즈오는 원리주의를 다음과 같이 정의하고 있다. 1970년대 이후 전 세계 차원에서 진행된 '공동체의 위기'에 대처하

기 위해 19세기 후반 이전의 역사를 근거로 '전통을 창조하'려는 움직임
이 있었는데, 그 일부가 급진적인 사회구제론으로 전환했다. 그것을 선진
국의 개인주의자들이 부정적인 의미에서 펀더멘털리즘(원리주의·근본주의)
이라 불렀다는 것이다.

　이 해석을 받아들이게 되면 우리의 아포리아인 '신앙의 의무'와 '시민적
의무'를 17세기와는 다른 의미로 해석할 수 있으며, 그와 더불어 아포리
아 자체가 다른 모습을 취할 가능성도 있다.

'신앙'이란?
'시민'이란?
현대적 맥락에서는 신앙의 영역과 세속의 영역을 준
별하기가 어렵다. 세속화가 진전됨에 따라 일찍이 신
에 대한 신앙과 그것에 기초한 양심이 공고화한 '내
면'의 벽은 타자와의 사회적 상호 행위의 네트워크를
형성하는 하나의 결절점에 불과하게 되었다. 내면성의 위기에 직면하여
영혼의 불사나 사후세계를 믿는 대신, 지금 실증할 수 있는 '초능력'에 대
한 동경이 사람들 마음속에 스며들기 시작했다. 다른 한편 인간의 '외면'
은 이미 생명·자유·재산의 보증에 한정할 수만은 없고 공동체의 의미나
가치와도 밀접해졌다. 그리고 공동체 통합을 위한 가장 강력한 상징이 되
어 사회정의를 위해 활동하는 가장 확고한 동기를 사람들에게 부여한 것
이 종교적 전통이라면, 그 지역에서는 서양 근대의 시민적 권리·의무(이른
바 인권을 포함한다)도, 또 거기서 탄생한 관용의 원리도 독립된 역할을 수
행할 수 없게 된다. 시민적 의무가 종교적 전통과 양립하지 않을 때는 무
시되며, 양립하면 신앙상의 의무에 흡수된다. 이렇게 하여 '종교 부흥' 사
회에서는 '신앙'의 일원 지배가 일어나고 로크와는 다른 형태로 우리의 아

포리아는 회피되는 듯 보인다.

이러한 '종교 부흥'의 경향을 펀더멘털리즘이라 부르며 이를 문제 삼는 것은 앞서 말한 대로 서양의 개인주의 관점에 이미 서 있기 때문이다. 확실히 펀더멘털리즘은 커다란 위험을 잉태하고 있다. 그렇다고 하여 일본인 대다수가 암묵적으로 공유하고 있는, 자본주의를 전제로 한 개인주의적 자유주의에 의문을 제기하지 않아도 되는 걸까? 서양 근대의 시민과 사회의 관계를 오늘날의 맥락에서 다시 정의해볼 필요는 없는 걸까?

다음 사항들을 생각해보자. 옴 진리교단의 '반사회성'은 수많은 테러 행위로 정점에 달했지만, 그전부터 신도들의 자유와 재산, 생명까지도 교단에 바치게 했다는 점에서 반사회성은 이미 분명히 드러났다. 즉, 로크 이후 '시민'의 더할 나위 없는 권리이자 속성이 깨끗이 부정되어버린 것이다. 더구나 그것을 부정한 이들은—옴 교단이 보통 이상으로 적극적인 공세를 펼쳤다고는 하지만—신도들 자신이었다. 그들은 스스로 시민적 권리·의무를 포기했다. 사람들은 그것을 '마인드 컨트롤' 때문이라고 한다. 그러나 거꾸로 물어볼 필요도 있지 않을까? 마인드 컨트롤이 되지 않는(그렇다고 믿고 있는) 우리 쪽에 어떤 정의가 있어서 옴 진리교를 고발할 수 있을까 하고.

사람은 빵만으로 살 수는 없다. 널리 알려진 이 말은 일상성을 넘어서려는 인간의 뿌리 깊은 욕구를 보여준다. 이러한 초월에 대한 욕구를 오늘날 어떤 형태로 생생하게 표현하고 또 제도 속에 정착시킬 수 있을까? 서양 근대는 인간을 외면과 내면으로 나누었는데, 그 양면을 통괄하던 신이 배경으로 물러남에 따라 '외면'은 도구적 영역에 귀속되고, 삶의 '의미'라는 점에서는 공동화空洞化되었다. 이 사태에 대응하는 방법에는 몇 가지가 있다. 예컨대 도구적 이성을 관철하는 입장에서는 구차하게 삶의 의미를 묻지 않고, 우발적인 이 세계를 깨끗이 단념해버린 채 냉소를 띠고는 건너가버릴지도 모른다. 그렇지 않고 일상성에 매몰되기를 거부한다 해도 그 초월에 대한 지향이 종교적인 형태를 취할지 아니면 비종교적인 형태를 모색할지는 구별된다.

진정한 종교적 초월은 어떤 것이어야 하는가, 그리고 '세속'과는 어떻게 관계 맺어야 하는가에 관해서는 여기서 다룰 여유가 없다. 다만 한 가지 말할 수 있는 것은 그 초월이 바로 이 세계에서 일어나지 않으면 안 되는 이상, 초월 중에는 세속사회의 금전이나 테크놀로지 같은 것을 이용하거나 혹은 기생하는 경우조차 있을 것이라는 점이다. 더구나 그것은 단순히 제도 종교에 있어서 불가결한 외면적·도구적 이용에 머무르지 않고 신앙의 내용 그 자체에 영향을 미칠 가능성도 크다. 예컨대 초능력 예찬을 단순히 말단적인 현상이라고 할 수 있을까? 이것은 신앙의 입장에 선 사람이 극복해야 할 아포리아다.

마지막으로 초월의 비종교적 형태를 다룬 뒤 논의를 마무리하고 싶다. 내가 특히 염두에 두었던 것은 하버마스의 '안으로부터의 초월' 또는 '차안으로의 초월'이라는 개념이다. 하버마스에 따르면, 전통적인 종교가 인간 집단 외부의 어떤 존재를 믿음으로써 그 존재로의, 즉 '밖으로의 초월'을 꾀한 것임에 반해, 이미 불가역적으로 종교나 형이상학이 역할을 잃어버린 사회에서는 인간의 커뮤니케이션 공동체가 장기적으로 달성할 가치 체계가 유일한 이념적 준거가 되며, 우리가 현재 상태의 불완전성을 반성하고 거기로 초월해가는 유일한 유토피아적인 그러나 차안의 목표가 되는 것이다. 하버마스의 이 구상에도 많은 문제점이 있지만 '신앙'과 '시민 생활'의 관계를 현대적인 다이너미즘에서 새롭게 생각해보는 데 실마리가 될 것이다.

12. 자유와 평등은 양립하는가

가 와 모 토   다 카 시

테제 **자유와 평등은 양립한다**

안티테제 **자유와 평등은 양립하지 않는다**

이데올로기의 대결?

시장경제에서 자유로운 영리활동을 방임하면 소득이나 재산의 불평등은 피할 수 없다. 소득이나 재산의 격차를 해소하려면 어떤 형식으로든 자유로운 경제활동에 개입하지 않을 수 없다. '자유와 평등의 딜레마'는 자주 이러한 경제의 씨름판에서 왈가왈부되며 냉전 구조(자본주의와 사회주의라는 '거대 이야기' 사이의 불화!)를 배경으로 '자유와 평등 가운데 어느 쪽을 우선해야 할까?' 하는 논쟁이 지속되어왔다. 즉, 시장에서의 자유 경쟁을 통해 풍족한 소비생활을 추구하는 자본주의와 생산수단의 공유와 계획경제에 의거해 소유의 평등화를 지향하는 사회주의 사이의 체제 선택으로서.

하지만 동서 대립에 일단의 결말이 난 현재로서는 한 국가 안의 의료나 교육과 같은 보다 소규모 영역에서 이런 유의 딜레마가 일어나고 있다. 우선 의료제도를 살펴보자. 공적 보험에 의존하지 않는 의사의 자유 진료가 일반화되면 지불 액수에 따라서 의료 서비스에 차이가 나고, 환자를 불공평하게 다룰 우려가 있다. 규제 완화의 물결에 힘입어 의료보험의 자유화를 진척시키고, 민간 보험회사의 참여와 경쟁을 허용하면 의료비 낭비는 줄지 모르나 시민 한 사람 한 사람이 의료 서비스를 받는 기회의 평등은 크게 손상된다(민간 보험에 크게 의존하고 있는 미국 의료제도의 결함은 바로 여기에 있다). 의사의 재량에 일임하는 현행 진료보수제도(이른바 '개수제 임금지급제')에서는 불필요한 진찰이나 검사·치료를 제재하기 어렵다. 그렇다고 병원마다 치료비 상한을 정해놓는 '정액 지불제'를 택하면 과소 진료가 일어나 환자의 명을 재촉할지도 모른다. 또 공교육을 둘러싼 논의에서도 학생 각자의 개성을 자유로이 발휘하는 것과 '교육의 기회균등'(한국 헌법은 제31조 1항을 통해 "모든 국민은 능력에 따라 균등하게 교육을 받을 권리를 가진다"고 하였고 교육기본법 제4조 1항에서도 "모든 국민은 성별·종교·신념·인종, 사회적 신분, 경제적 지위 또는 신체적 조건 등을 이유로 교육에서 차별을 받지 아니한다"라고 규정하고 있음—옮긴이) 간의 모순·갈등으로 첨예한 논쟁이 벌어지고 있다. 그래서 예를 들면 '선택의 자유'라는 구호 아래 시장 원리가 일단 의무교육에 도입되면 '상품'화한 학교는 일원적으로 서열화돼버린다. 그렇다고 해서 형식적인 기회균등을 고집한다면 교육 내용의 획일화와 몰개성화를 피하기 어려워진다.

'자유와 평등의 딜레마'가 헌법이나 인권 이론 분야에서는 '자유권'과 '사회권' 간의 조정이라는 중요 과제로 변환된다. 전자는 개인의 자유와 독립을 목표로 하여 국가의 부작위·불개입을 요구하는 근대적 권리이고, 후자는 사회적·경제적 약자의 생활 기반과 평등한 존엄성을 확보하기 위해 국가의 작위·개입을 요구하는 현대적 권리다. 그래서 정신적 자유나 신체적 자유와 나란히 '자유권'을 구성해온 경제적 자유(재산권, 계약의 자유)에 제약을 가하고 노사의 대등한 교섭을 보증하는 노동 기본권(단결권, 단체교섭권, 단체행동권)이나 생존권(복지, 교육, 의료를 정부에 요구하는 권리) 등의 '사회권'을 확립하려는 방안이 모색되어왔다. 그 위에 정치사상에서는 19세기 이후 '자유주의'와 '평등주의'의 첨예한 대립은 '자본주의 대 사회주의' 구도 속으로 흡수돼버렸으나 포스트 냉전 체제에서는 각국의 정치 이념 수준에 따라 자유와 평등을 어떻게 조화롭게 할 것인가에 대해 골몰해왔다. 주민의 자유와 자기 책임을 중시하는 '작은 정부'를 택할 것인가, 그녀/그들의 평등 보호를 지상명령으로 여기는 '큰 정부'를 택할 것인가 하는 양자택일이 그러한 논쟁의 한 예를 보여준다.

사상사적 회고 그러면 간단하게 근대 사상사를 회고해보자. 자유와 평등의 양립 불가능성을 주장한 사상가의 한 사람으로 회의론자인 흄이 있다. "완전한 평등의 관념은 아무리 그럴듯해 보일지라도 현실에서는 실행 불가능하며, 설령 불가능하지 않다 해도 인간 사회에 극도로 유해하다는 것은 역사가가 아니더라도 상식이 우리에게 가르쳐주는 바다. 재산을 아무리 평등하게 나누려 해도 각자의 재능, 관리능력 그리고 근면함의 정도 차는 금세 그 평등을 쳐부술 것이다. (···) 게다가 모든 불평등을 그 출발선에서부터 경계·감시하기 위해서는 가장 엄격한 검문이 필요하며, 그것을 벌하고 교정하기 위해서는 가장 준엄한 사법권이 필요하다."(『도덕원리의 탐구』, 1751, 제3장 2절)

흄의 사후 머지않아 자유와 평등의 이념을 사회 구성 원리로 표방하고 양자의 양립 가능성을 자각적으로 추구한 웅대한 실험, 프랑스혁명이 시작되었다. '공화력 제3년의 권리의무 선언'(1795)은 제1조에서 "사회에서 인간의 권리는 자유·평등·안전·소유권이다"라고 강조하고, "자유란 타인의 권리를 침해하지 않도록 하는 데 있다"(제2조), "평등은 법이 어떤 보호를 하건, 어떤 처벌을 하건 모든 사람에게 동등하다는 데 있다"(제3조)로 이어진다. 프랑스혁명에 대한 후진국 프로이센 민중의 '열광'에서 '인류 진보'의 조짐을 간파하려 했던 칸트는 흄의 비관적 견해에 대항이라도 하듯 자유와 평등의 불가분성(게다가 독립성)을 이렇게 주장했다. "공민cives의 법적 속성은 다음과 같다. 즉, 법률적 자유, 요컨대 그들이 동의한 법률 이외에 어떤 법률에도 복종하지 않을 것. 또 공민적 평등, 즉 상대방이 나를 구속할 수 있는 것과 마찬가지로 나 또한 상대방을 법적으로 구속하는 도덕적 능력을 갖는 것과 같은, 그렇게 상대방을 인정할 뿐으로 공민 중에서 자기보다 상위에 서는 어떤 사람도 인정하지 않을 것. 셋째, 공민적 독립성이라는 속성."(『인륜의 형이상학』, 1797, 제1부 법론, §46)

하지만 7월 혁명이 초래한 사회질서의 혼란을 모두 목격한 정치평론가 토크빌은 다시 자유와 평등의 양립 가능성에 의혹의 눈길을 보낸다. "평등에 대해서는 강력한 그리고 정당한 정열이 사실상 존재한다. 그리고 이 정열의 자극에 의해 모든 사람은 강력해지고 존중받게 된다. 이 정열은 약자를 강자의 지위로 격상시키는 경향이 있다. 하지만 인간의 마음엔 못된 평등에의 욕심도 있다. 이 욕망 때문에 약자는 강자를 자신의 낮은 수준에까지 끌어내리려 하고, 또한 자유에서의 불평등보다도 노예 상태에서의 평등을 중시한다. (…) 시민 모두가 대부분 평등할 때, 권력의 공격을 받으면 그들 자신의 독립을 방위하는 것은 어렵게 된다."(『미국의 민주주

의』, 1835, 제1권 3장 2절) 지위의 평등화가 '다수파의 전제', 더 나아가 자유
와는 정반대의 예속을 초래한다는 토크빌의 경고는 밀의 『자유론』(1859)
이나 니체의 사회주의 비판으로 이어진다.

**두 가지 자유/
두 가지 평등**

현대의 아포리아로 되돌아가기 전에 자유와 평등 각
각을 적어도 두 가지 방식으로 파악할 수 있음을 확
인해두자. 우선 자유에 관해서는 사상가 이사야 벌
린Isaiah Berlin에 의한 '소극적 자유/적극적 자유'의 구
별이 있다. 전자는 "타인에 의한 간섭이 없는 것"이라는 네거티브한 기준
에 따라 자유를 파악하려는 것으로 영국의 로크나 밀, 프랑스의 콩스탕
B. Constant이나 토크빌 등의 자유주의자가 이에 속한다. 반면 후자는 "자
기 지배·자기 결정"이라는 포지티브한 의미에서의 자유이며, 루소나 칸
트, 헤겔, 마르크스의 사회사상에서 그 전형적인 표현을 볼 수 있다. 양
자는 각각 '~으로부터의 자유/~으로의 자유'로 바꿔 말할 수 있는데, 벌
린은 우선 '보다 진실되고 보다 인간미가 있는' 전자에 진력한다. 왜냐하
면 후자의 핵심을 이루는 '자기 지배'가 "고차원적 자아에 의한 저차원적
자아 지배"로 치환되고, 그 '고차원적 자아'의 내용을 '민족, 교회, 국가'
로 슬쩍 바꿔버리면 개인을 집단의 권위에 종속하게 만드는 것이 '적극적
자유'의 이름으로 정당화되기 때문이다. 벌린의 '두 가지 자유'론을 발단
으로 소극적 자유는 서양의 자본주의와 결부되고 적극적 자유는 동양의
사회주의와 결부되어, 논의의 대세는 전자의 지지로 기울고 있었다. 그러
나 문제는 '두 가지 자유' 가운데 어느 쪽이 중요한가 하는 우선순위가 없
다는 것이다. 현실 생활에서는 '두 자유'가 확고하게 결부되어 서로를 떠

받쳐주고 있다는 점에 유의해야 할 것이다.

평등에 대해서는 개개의 사람을 그 사실상의 차이에도 불구하고 일률적으로 동등하게 대우하는 것을 의미하는 '형식적 평등'과, 사실상 불리한 위치에 있는 자들을 보다 유리하게 대우하는 것을 통해서 결과로서의 평등을 구하는 '실질적 평등'으로 대별되어왔다. 이러한 구분에 대응하는 것이 '기회의 평등/결과의 평등'인데, 전자는 경제활동이나 교육에 관한 여러 특권적 지위를 폐지해 전원에게 평등한 기회를 보증하는 것이고, 후자는 기회균등의 조건이 충족되더라도 여전히 결과적으로 발생하는 불평등을 바로잡기 위한 이념이다. 이러한 '두 가지 평등'은, 미국의 공민권 운동이 교육이나 노동 현장에서 실질적 평등을 어느 정도 이뤄왔는지를 반성하고, 피차별 집단의 지위 향상을 위해 '기회균등'의 조건을 정비하는 것만으로는 충분치 못하다고 호소하는 데 널리 활용되었다.

현대의 쟁점   그러면 현대 윤리학에서는 '자유와 평등의 딜레마'를 어떻게 논하고 있을까? 영미권의 사회정의론에 한정해서 살펴보자. 우선 현대 자유주의의 입장에서 양립론을 역설한 것이 롤스의 『정의론』(1971)이다. '로크, 루소, 칸트로 대표되는 사회계약설'의 현대적 재구성에 의해, 공리주의의 '최대 행복의 원리'에 대항할 수 있는 사회 정의의 구상을 명확히 정립하고자 한 롤스는 이 책에서 다음과 같은 '정의의 두 원리'를 주장했다.

(1) 모든 개인은 사회생활을 하는 데 기본이 되는 자유를 평등하게 나눠 가져야 한다.

(2) 사회적·경제적 불평등은 (a)모두에게 공정한 경쟁의 기회를 평등하게 부여한 다음에 생기는 것에 한정돼야 하며, 동시에 (b)사회적으로 가장 불우한 사람들의 생활 형편을 최대한 개선하는 것이 아니면 안 된다.

요컨대 롤스는 기본적인 자유(정치적 자유, 언론·집회의 자유, 사상 및 양심의 자유 등)에 관해서는 어디까지나 평등 분배를 추구하고 있지만, 소득이나 지위의 격차 같은 사회적·경제적 불평등을 완전히 근절하라고 강요하지는 않는다. 제2원리를 구성하는 '공정한 기회균등의 원리'와 '차등 원리'(격차의 저변에 있는 사람들의 생활 개선에 대한 부단한 배려)로써 결과의 불평등을 시정하겠다는 것이다.

이에 반해서 '자유지상주의자'임을 자인하는 노직Robert Nozick은 그의 저서 『아나키에서 유토피아로』(1974)에서 롤스 등이 내세우는 자유와 평등의 양립론을 비판하고, 사적 소유와 시장 경쟁을 지주로 삼는 자본주의적 자유를 강력히 옹호했다. 그는 '차등 원리'의 실행이 자본주의의 도덕적 기초를 위태롭게 하고, 정부에 의한 부당한 경제 개입을 야기한다는 것을 보여주기 위해 '윌트 체임벌린Wilt Chamberlain(1936~1999)의 사례'라는 우화를 고안해내기까지 했다. 그 줄거리는 이렇다. 실재하는 프로농구 선수 체임벌린은 소속팀과 '주최 게임의 입장료 중 25센트를 자기에게 넘겨준다'는 계약을 맺었고 이를 팬들에게도 철저히 주지시켰다고 한다. 만일 시즌 중에 100만 명의 관객이 동원되었다면 체임벌린의 호주머니에는 25만 달러의 대금이 굴러들어오는데 그는 그 소득을 얻을 정당한 자격을 갖는다. 왜냐하면 입장객은 체임벌린에게 25센트를 주는 것을 선택했고, 여기에는 자발적인 돈의 이전만 일어나고 있기 때문이다. 롤스의 차등 원리에 따른다면 이러한 경우는 소득 재분배의 시책으로 수정을 가해야겠지만, 그것에 의해 '서로 동의한 성인 간의 자본주의적 행위'에 부단히 개입하는 것은 바람직하지 않다. 추구해야 할 것은 평등이 아니라 어디까지나 자유다.

노직의 '자유지상주의'에 대해 드워킨은 '자유주의적 평등'이라는 입장에서 반론을 폈다. 자유주의에 있어서 자유나 복지보다도 평등 쪽이 더 기초적인 가치라고 생각하는 그는 '평등한 배려와 존중을 요구할 권리'를 정치윤리의 기본으로 규정함으로써 자유와 평등의 양립을 도모하고자 했다(『권리론』, 1977). 게다가 경제학과 윤리학의 통합을 추진하고 있는 센 Amartya Sen은 롤스 및 드워킨의 양립론이 '재물의 평능 분배' 구상에 머물고 있는 점, '기회의 평등/결과의 평등'이라는 이분법에서 '무엇을 평등하게 할 것인가'라는 선결 문제를 간과하고 있는 점을 공격했다. 센의 대안은 이동이나 의식주의 요구, 사회생활에 대한 참여와 같은 '기본적인 잠재 능력'(할 수 있는 일의 폭)의 평등 분배다(『선호, 후생, 평가』, 1982). 게다가 그는 노직과 같이 자유를 개인이 태어나면서부터 이미 보유하는 '자연권'으로 보지 않는다. 확실히 자유는 존중받아야 할 '사회적 가치'이지만, 동시에 바람직한 사회 구조에 의해 좌우되는 '사회적 소산'이기도 하다. 자유의 이 양면성을 주시하면서 동시에 '소극적/적극적 자유'의 상호 의존 관계를 파악하려는 센의 자세는 '자유와 평등의 딜레마'를 해소하기 위한 하나의 돌파구를 시사하고 있다.

자유와 평등을 추상명사의 평면에서 공연히 대립시키거나 우열을 정하는 게 아니라 자유를 '~할 수 있다'라는 동사(내지 보조동사)로, 평등을 '동등하게'라는 부사로 환원시킬 때 비로소 두 가치의 양립이 가능해진다. 롤스에서 센에 이르는 사회정의론의 전개로부터 도출되는 이 이론적 교훈은 현대 일본이 맞닥뜨린 난국을 타개하는 데 얼마나 도움이 될까?

즉, 자유주의가 역사수정주의=국익중심주의의 겉치레에 악용되고, 평등주의라는 미명 아래, 각자의 차이를 인정하지 않고 모두를 동등하게 취급하려는 획일주의가 발호하는 현실의 '모럴 아포리아'가 그것이다.

민주주의의 패러독스

국민의 복지 후생에 있어서 최선의 경제정책을 추구하는 이른바 후생경제학의 맥락에서 애로 K. ARROW는 '불가능성 정리'를 제시했다. 이는 다음과 같다.

(1) **개인 선호의 무제약성** 개인의 선호에 어떤 제약이 있어서는 안 된다.

(2) **파레토 최적성** 전 국민이 어떤 일정한 선택지 시드에 대해서 같은 선호 순서를 가질 때, 사회적 결정(정책)도 여기에 따라야 한다. 가령 모든 국민이 X를 Y보다 선호한다면 사회도 X를 Y보다 선호한다는 것이다. 이 조건에 따르면 사회 선호는 전원 일치를 반영하는 것이어야 한다.

(3) **무관한 대상으로부터의 독립성** 어떤 일정한 문제에 대해서 의견(선호)이 일치한다면 그 외에 대해서는 불일치가 있다 해도 그 (부분적) 일치가 사회적 결정이 되어야 한다. 예를 들면 임의의 두 상태 X, Y에 대한 사회 선호는 X와 Y에만 의존하고 제3의 상태, 가령 Z의 영향을 받지 않는다. X와 Z에 대한 사회 선호가 바뀌어도 X와 Y에 대한 사회 선호와는 무관하다는 것이다.

(4) **비독재성** 어느 한 개인의 선호가 사회적 선택을 결정해선 안 된다. 사회 선호는 사회 구성원들의 선호를 반영하는 민주적인 것이어야 한다.

애로는 이들 조건이 민주주의 입장에서 볼 때는 아주 당연한 것이지만 이들을 동시에 충족시키는 사회적 결정('사회후생함수')은 존재하지 않는다고 주장한다. 말하자면 민주주의 방식으로 정책을 결정하는 것은 불가능하다는 얘기다.

센은 이 조건들을 약간 수정하지만, 마찬가지로 이 여러 조건을 모두 충족시키는 결정('사회적 결정 함수')은 존재하지 않음을 '자유주의의 패러독스'로 설명했다. 그는 동시에 권리(자유재량권)를 중시해 오히려 패러독스를 해소하는 노직이나 '타인의 권리를 침해하지 않는 범위에서'라는 제한을 둠으로써 해결이 가능하다고 하는 기버드ALAN GIBBARD 등의 견해를 비판하면서 종래 자명한 것으로 여겨져왔던 파레토(최적성의) 원리 그 자체—이것은 애로의 위 조건에서의 (2)에 더해 (3)도 포함하지만 센이 문제로 삼는 것은 오히려 (3)이다—를 문제점으로 인식하고 이 조건을 피함으로써 패러독스를 해결할 것을 주장한다.

이 해결은 간단히 말하면 스스로 '파레토 전염병'이라 불리던 것을 방지하려 한 것이지만 그 취지는 개별적 선택지 사이의 선택(표명)을 즉각 인정하는 것이 아니라 그 선택의 '이유'에 맞게,

말하자면 메타적으로 어떠한 선택을 인정할 것인가 하는 '주의主義'를 문제로 삼고, 그 '주의' 가운데 타당한 것을 가려 일정한 제약을 부과한다는 것이다. 그러나 이 해결도 결정판은 아니고 현재 여전히 새로운 해결이 시도되고 있다.

13. 자신의 몸을 자유롭게 다룰 수 있는가

구마노 스미히코

테제 사람은 자신의 몸을 자유로이 처분할 권리를 갖는다

안티테제 자신의 몸을 처분하는 데에도 무제한적 자유가 허용되는 것은 아니다

문제의 발단

당신에게 고등학교에 다니는 딸이 있다고 해보자. 나미애라는 그 딸은 선탠을 해주는 피부미용실에서 예쁘게 잘 그을린 피부에 갈색으로 염색한 머리를 길게 기르고 있다.

평소 당신은 '아무런 치장을 하지 않아도 가장 예쁠 때인데'라며 생각하고 있다. 그래도 반쯤은 딸에게 귀찮게 여겨지는 것이 두렵고, 반쯤은 딸의 '자유'를 존중하는 부모인 양 점잔빼면서 일부러 아무 말 하지 않는다.

나미애가 어느 날엔가는 문신을 새기고 돌아왔다. 블라우스로부터 흘긋흘긋 보이는 도안은 호랑나비인데 귀엽다고 하면 귀여웠다. 당신이 조금만 굳은 표정을 하고 있으면 나미애는 아무렇지도 않다는 듯이 "피어싱

도 했는데 한번 보실래요?"라고 말한다.

귀 피어싱은 이미 눈치 채고 있었다. 들어보니 귓바퀴에서 시작해 귓불에 이르기까지 지금은 여덟 군데를 뚫었다고 한다.

당신은 참지 못하고 말할지도 모른다. "자신의 몸을 좀 소중히 하도록 해!" 나미애는 기이한 표정을 지으며 되묻는다. "왜요? 하지만 내 몸이잖아요. 남에게 폐를 끼치는 것도 아닌데. 나도 이제 어른이에요." 자식의 '자유'를 존중하는 '민주적'인 부모이고자 하는 당신은 여기서 갑자기 두 손을 들 수만은 없다.

당신이 직면하고 있는 문제를 이제 다음과 같은 안티노미 형식으로 생각해보자.

테제 사람은 자신의 몸을 마음대로 다룰 권리를 갖는다.
안티테제 자신의 몸을 다루는 데에도 무제한적 자유가 허용되는 것은 아니다.

테제가 나미애의 입장이라면 안티테제는 당신의 입장이다. 당신은 딸을 설득할 수 있을까?

입장의 대립

당신은 딸의 주장을 일단 수긍하는 자세로 말하기 시작한다. 요컨대 '자신의 몸을 처분하는 것은 완전한 자유'임을 가정해보는 것이다. 당신은 이 가정이 성립하지 않는다는 것, 즉 이 가정에 의거한 논의가 모순에 이르는 점을 보여주려 할 것이다(귀류법).

자신의 몸에 어떠한 물리적 변형을 가하려 하든, 부분적·전면적으로 타인에게 양도하려 하든 무제한적 권리가 인정된다고 해보자. 그렇다면 자신의 신체에 인식 번호를 새기고 쇠사슬로 묶어 노예로 타인에게 팔아넘기는 것도 자유가 된다. 신체에 관한 완전한 자유를 행사함으로써 오히려 자신의 자유를 완전히 상실하게 될 것이다.

'자신의' 자유가 자신의 '자유'를 부정한다는 것은 모순이다. 자유는 자유의 부정을 포함하고 있지 않다(밀의 견해). 이렇게 되면 가정은 타당하지 않다. 따라서 자신의 신체를 처분하는 데도 완전한 자유가 허용되는 것은 아니다. 나미애가 진정으로 그렇게 생각하고 있다면 "그것은 바로 착각"이라며 당신은 이야기를 끝맺는다.

그러자 "지금 그 이야기, 비약이 좀 심하군요"라며 나미애는 말을 꺼낸다. "혹시 제가 매춘이라도 한다고 생각하는 거 아니에요? 가죽바지를 입고 배꼽을 드러낸 채 걷는 여자애는 모두 데이트 클럽에라도 드나들고 있다고 생각하는 거예요? 대체로 노예를 부리는 인간들이 제일 나쁘고 데이트 클럽에 드나드는 아저씨들 또한 아주 저질이에요. 그래도 뭐 괜찮아요. 난 이렇게 생각하거든요" 하며 나미애는 반론을 편다.

자신의 신체라 해도 그 처분에 무제한적 자유가 허용되는 것은 아니라고 가정해보자. 그리고 이 가정에서 '자신의 신체'란 자신이 소유하는 신체이고, 신체의 처분이란 신체의 물리적 변형이나 신체의 부분적 또는 전면적인 양도를 의미하며, 또 '허용되지 않는다'라는 권리가 부정당하는 것이라고 해보자. 이와 같이 규정해놓고 문제를 다시 쓰면, '자신이 소유하는 신체에 대해서도 그 물리적 변형이나 양도의 권리가 전면적으로 존재하는 것은 아니며 그 권리에는 일정한 제한이 가해진다'고 표현할 수 있다. 나미애는 이 표현이 논리적 모순을 포함하고 있다고 주장한다.

자주 그렇게 설명되듯이 모든 소유의 원형은 신체의 소유이며, 사람은 자신의 신체에 관한 한 완전한 소유권을 갖는다(로크의 견해). 그렇지만 자기 신체의 변형이나 양도에 제한을 가하는 것은 신체에 대한 전면적인 소유권을 제한하는 것이다. 전면적인 소유권을 부정당한 자신의 '신체'는 이미 완전한 '자신의' 신체가 아니다. 이것은 모순이고 그러므로 가정은 타당하지 않다. 즉 사람은 자신의 신체를 자유로이 처분할 완전한 권리를 갖는다.

"대체로 말이에요" 하며 나미애는 평소의 어조로 되돌아가 말을 잇는다. "아빠, 아까 제 문신을 보고 언짢아하셨는데, 피어싱까지 했다니 더욱 놀라셨을 거예요. 게다가 엄마도 약간 속상해하는 것 같았거든요. '부모에게 받은 몸을 어떻게 자식이……'라고 생각했던 것 아니에요? 그건 나를 엄마 아빠의 소유물처럼 생각하고 있다는 것 아닌가요? 나는 아빠나 엄마의 소유물이 아니에요. 나는 누구의 것도 아니란 말이에요. 남자친구도 가끔 '너는 내 여자'란 얼굴을 하지만 아주 불쾌해요. 나를 소유하고 있다고 말할 수 있는 사람은 나뿐이에요. 그러니까 내가 내 몸의 주인인 거죠. 게다가 무엇보다도 '자신을 소중히 하세요'라고 말하지만 그 '자신'이란 뭐예요? 소중히 하는 자신이란 무엇이고, 소중히 대우받는 자신은 뭔가요?"

논의의 귀결

"이야기는 좀 다르지만" 하면서 나미애는 계속 말을 이어갔다. "학급의 한 아이가 자살했을 때, 신부님이 이렇게 말했어요(당신은 나미애를 미션계 고등학교에 입학시켰다). '자살은 죄이고, 신에 대한 범죄입니다.' 나는 그러나 그 말이 틀렸다고 생각해요."

이어서 나미애는 다음과 같이 논의를 전개해갔다. 사람이 자기 신체를 자유로이 처분할 권리를 갖고 있다면 신체의 궁극적 자기 처분, 요컨대 자살에 대해서도 마찬가지다. 자살이 죄로 간주되는 것은 자살이 ①신의 의지 ②이웃에 대한 책무 ③자신에 대한 의무 중 어느 것에 대해서든 위반된다고 여겨지기 때문일 것이다. 하지만 신이 (존재한다고 하고, 그 신이) 이미 정해놓은 것은 어디까지나 일반 법칙으로 개개의 모든 경우를 다 포괄하지는 못한다. 개개의 경우에도 모두 법칙을 지켜야 한다면 농경·관개는 물론 날아오는 돌을 피하는 것도 허락되지 않는다. 또한 이웃에 대한 의무, 일반적으로 말하면 사회 구성원 간의 의무는 상호적인 것이어서 이미 사회로부터 아무런 혜택도 기대하지 않는 인간이, 사회에 혜택을 주는 일을 그만뒀다고 해서 그것이 사회나 이웃에 대한 의무 위반이 된다고 할 수는 없다. 끝으로 고통, 질병, 빈곤, 불명예 등으로 인해 삶이 불행을 초래하기만 한다면 자살하는 것이야말로 오히려 당사자의 자기에 대한 의무와 합치한다. 그러므로 어떤 조건 아래에서는 자살이 허용된다(흄의 견해). 자살이란 의지의 부정이 아니라 의지의 강렬한 긍정이며, 삶에 대한 의지 그 자체에 의해서 삶을 부정하는 것이다. 자살이란 바로 인간의 긍정적 자유의 표현이다(쇼펜하우어적 입장).

"나는 죽고 싶다는 생각 따위는 하지 않아요. 지금 살아 있는 것이 즐거워서 어쩔 수 없는 걸요. 그래도 자살한 사람을 범죄자라고 부르다니, 부정과 타협하며 살고 있는 어른들의 오만함 아닌가요? 적어도 자살하는 사람에게는 그만한 이유가 있는 거예요."

당신은 당황하기 시작한다. 그리고 이렇게 반론을 폈다.

"자살은 자기에 대한 '완전 의무'를 위반하는 거란다. 인격은 항상 목적 자체인데 안락한 상태를 유지하기 위해 자살하는 것은 인격을 수단화하고 사물화하는 것이기 때문이지. 자살하는 것은 인격에 의한 인격의 포기라는 자기모순을 범하고 있어. 혹은 자살이란 쾌를 구하고 고통을 피하려는 경향성에 의해서 생명 그 자체를 부정하는 것일지도 모르지. 경향성이란 원래 생명에 속하는 것으로 그 경향성에 의해서 생명을 부정하는 것은 자기모순이기 때문이야(칸트의 견해). 확실히 인간만이 표상에 있어서 죽음을 소유할 수 있고, 인간만이 모든 것을, 요컨대 생명까지도 포기할 수 있지. 하지만 자살이 표현하는 것은 겨우 모든 것을 부정할 수 있다는 인간 의지의 부정적 측면이고 자살은 부정적 자유의 표현에 불과한 거야(헤겔적 입장)."

전제의 고찰 결국 부모와 자식의 언쟁에서 결말은 나지 않을 것이다. 하지만 자식의 입장과 부모의 입장, 테제와 안티테제 사이에는 어떤 공통의 전제가 깔려 있지 않은가. 그것은 자신이 자신의 신체를 소유하고 있다는 전제다. 논쟁과는 일단 거리를 두고 이 점을 다시 생각해보자.

내가 어떤 것을 사용하고 이익을 얻으며, 게다가 처분할 수 있는 것은 그것을 '소유'하고 있는 경우이리라. 그렇다면 나는 어떤 것을 소유할 수 있는가? 당장은 '외적'인 무엇이 될 것이다. 로크를 모방해서 원시적인 경우를 생각한다면, 예를 들어 자기 노동을 들여 누구의 것도 아닌 열매에 손을 뻗어서 혹은 사슴 고기를 획득할 때, 나는 그들 음식물을 '점유'할 수 있다. 그것들은 내 '신체의 노동' '손의 기능'의 결과이기 때문이다.

나미애가 올바르게 지적하고 있듯이 이 논의의 배후에는 처음부터 사람은 누구나 자신의 신체에 대해선 완전한 '소유권'이 있다는 점이 전제되어 있다. 요컨대 누구에게건 자기 신체야말로 최초의 소유물이며, 그 밖의 물건은 내 신체의 노동이 '혼입'되어 있는 한 나의 점유로 귀속된다는 것이다.

그러면 나의 신체는 나에게 있어서 '외적'인 것, 우연적인 것일까? 데카르트에 의거해 '적어도 신의 힘에 의지한다면, 정신은 신체 없이도 존재할 수 있다'고 여길 경우 그럴지도 모른다. 거기서 정신으로서의 자기는 신체를 결여한 자기다. 신체를 결여한 자기가 자기 신체를 소유하게 된다.

하지만 그럴까? 신에게 있어서는 어떨지 모르지만 적어도 인간인 타자에 대해서는 나의 신체가 '나'인 것이 아닐까? '당신이 필요하다'고 했을 때 직접 요구하고 있는 것은 대개는 나의 신체이고, 역으로 나의 신체가 유린되었을 때 나는 바로 '내'가 유린당했다고 느낄 것이다. 그렇다면 나에게 있어서 나의 신체는 '외적'이지 않다. 나에게 있어서 '외적'이지 않은 것을 나는 소유할 수 없다. 내가 소유하고 있지 않은 것은 자유로이 처분할 수 없을지도 모른다.

문제는 아직 끝나지 않았다. 노동이 소유를 정당화한다고 해보자. 그러면 나는 큰 바다에 한 방울의 붉은 잉크를 떨어뜨리는 것으로 일곱 개의 바다를 다 '소유'하게 되는가?(노직의 예) 대지를 경작해 100제곱미터의 땅을 만들 때, 나는 단지 지표의 한정된 부분에 조그만 변경을 가한 것에 불과하다. 그래도 여전히 경작된 대지는 나의 것이고 거기서 수확된 것은 내 소유로 돌아오는 걸까? 나는 확실히 열매를 길러낸다. 하지만 대지 또한 열매를 기르고 있고, 따라서 열매는 대지에도 귀속된다.

사정은 소유의 원형에 대해서도, 요컨대 신체의 자기 소유를 둘러싸고서도 마찬가지다. 내가 '나'임을 깨달았을 때, 나는 이미 신체를 지니고 있었다. 내가 태어났던 것, 나의 신체가 머지않아 늙어가고 병을 얻는 것,

그리고 내가 언젠가 죽어갈 것이라는 것 등은 오히려 내가 움직일 수 없는 삶의 조건들이다. 예로부터 불교에서 말하는 '사고四苦', 즉 생로병사는 나의 결정 일체를 이미 초월한, 혹은 머지않아 초월할 내 삶의 절대적인 수동적 조건이다. 내가 나의 신체를 지니고 탄생한 것에 대해서 나는 손가락 하나 대지 않았고 나는 그것에 대해서 잉크 한 방울도 기여하지 않았다.

그럼에도 불구하고 나는 내 신체를 소유하며 내 신체에 관한 한 자유라는 생각은 근대에 와서는 거의 보편적 발상이 되었다. 그것은 근대 시민사회를 뒷받침하는 사상 그 자체와 손을 잡고 있는 사고의 틀이기 때문이다. 신체의 자기 소유가 결국은 일개의 픽션임에 틀림없다고 해도 그것은 우리가 그 내부에서 여전히 계속 살아가고 있는 사회의 틀 그 자체만큼이나 오래된 '신화'이다.

그 신화 내부에서는 나미애의 주장에 대해서 설득력 있는 반론을 제기하기 어렵다. 당신이 나미애를 설복하려고 했을 때, 당신 또한 신체의 자기 소유라는 이념을 전제로 했을 것이다. 그에 관한 한 당신 또한 나미애와 같은 신화를 공유하고 있다. 그 신화 속에서는 당신의 설교가 약간 설득력을 잃고 있다.

'내'가 '나의' 신체를 소유하고 있다는 사태 그 자체가 재고되지 않으면 안 된다. 이를 위해서는 근대의 픽션 몇몇도 동시에 재검토하지 않으면 안 될 것이다. 그 시도는 사적 소유라는 이념을 새롭게 파악하고 사람과 사람의 관계를 둘러싼 어떤 새로운 상을 그려내도록 요구한다.

퍼터널리즘

'부친의'를 의미하는 "PATERNAL"이라는 말을 기초로 해서 만들어진 윤리 용어. 부모가 자식에게 하듯이 타자에 대해서도 그 행위를 전면적으로 타자 자신에게 내맡기지 않고 그 타자의 이익을 생각해서 온정적으로 간섭하더라도 괜찮다, 혹은 간섭해야 한다는 사고방식을 뜻한다. 의미상 '온정적 간섭주의'라고 번역되기도 한다.

이것은 언뜻 개인의 자율성을 기본으로 하는 자유주의에 반하는 듯 보이지만, 실제로는 반자유수의=도덕주의에 맞선 자유주의 입장에서 도입된 것이다. 자유주의가 타인에게 위해를 가하지 않는 한 개인은 자유로이 그 행위를 결정할 수 있다는 걸(이른바 '가해 원리') 역설하는 데 반해서, 도덕주의는 설령 타인에게 위해를 가하는 일이 없더라도 악인 경우가 있고, 그것을 금지하는 것은 정당하다고 역설한다. 이를 받아들이는 자유주의는 (자기를 수정하는 입장에서) 외부로부터 금지할 수 있는 악은 어디까지나 '본인에게 이익이 되는' 경우에 한정된다고 하고, 그 근거로서 퍼터널리즘을 주장하는 것이다.

퍼터널리즘의 적용은 자유주의의 입장에서 본다면 타자의 의지 결정 능력의 불완전성을 전제로 한다. 타자가 (자신의 이익에 가장 적합하게) 결정하는 능력이 부족하므로 대신해서 결정하려는 것이다. 따라서 자율적 결정 능력의 발달을 저해할 수도 있으므로 이 사고방식을 안이하게 적용해서는 안 된다는 것이 동시에 강조된다.

퍼터널리즘이 문제가 되는 것은 오히려 정부가 어떻게 국민과 관계할 것인가 하는 정책적 경우이다. 근래 유행하고 있는 '규제 완화'도—순경제학적으로뿐만 아니라—퍼터널리즘이라는 원리적 차원으로 환원하면 국민의 자율성을 어떻게 평가할 것인가, 예를 들면 경제적 경쟁력이 뒤떨어지는 경영체를 국가가 보호해야 하는지, 아니면 그것으로는 경쟁력이 육성되지 않으므로 오히려 시장이라는 냉엄한 환경에 처하도록 해야 하는지의 관점에서 생각해볼 수도 있다. 또한 인공 임신중절 등을 둘러싼 생명윤리의 문제들에 있어서도 이러한 사고방식을 적용해 논의를 정리하기도 한다.

14. 인간은 자유로움을 감당할 수 있는가

이 케 가 미 데 쓰 지

테제 도덕적 의지의 기본은 자유에 있다

안티테제 인간은 절대적 자유를 감당할 수 없다

　누구나 한번쯤은 '나는 무엇을 위해 살고 있는 걸까?' '인생의 의미란 무엇인가?' 혹은 '선이란 무엇인가?'라는 물음에 직면해 고민해본 적이 있을 것이다. 그러나 우리는 곧바로 이러한 물음들로부터 벗어나버리곤 한다. 어차피 그런 물음에 대한 정답은 없을 것이라는 판단에서다. 이는 성실성을 결여한 태도처럼 보이기도 하고, 사물을 끝까지 파고들지 않는 정신의 나태라고 말할 수 있을지도 모른다.

　그렇다면 계속 그렇게 물어야만 하는 것일까? 성실하게 살아가기 위해서는 그렇게 해야 한다고 알고 있다. 그러나 그것이 얼마나 곤란한 일인지도 알고 있다. 진지하게 인생의 의미를 추구한 결과 신흥 종교 교조의 가르침을 절대화해, 그 명령이라면 살인을 범하는 수도 있다. 여기에 우리의 주제 '인간은 자유로움을 감당해낼 수 있는가?' 하는 것이 문제가 된다.

우리가 윤리적 주체로서 자유로운 것은 부정하기 어렵다. 만일 자유롭지 않다면 '그런 일을 하다니 나는 얼마나 쓸모없는 인간인가' 하는 자기 책망도 없을 것이다. 그러나 우리가 절대적으로 자유로운가 하면 그렇지도 않다. 자기가 행하는 것을 모두 자신의 판단만으로 결정하고 실행하는 사람이 있을까? 어떤 부분에서는 타인의 판단에 따르고 있지 않은가? 부모가 그렇게 말하기 때문에, 선생님이 그렇게 말하기 때문에, 상사가 그렇게 말하기 때문에 하는 식으로. 이때 우리는 칸트적 의미에서 볼 때 자율적일 수 없고 타율적이 된다. 그렇다면 지금 문제 삼는 주제에서 "삶을 유지하기 위해 우리는 자신의 자유를 어딘가에서 포기하지 않으면 안 되는 걸까?"라는 식으로 질문을 바꿀 수도 있을 것이다.

'감당할 수 있을까'라는 물음의 의미

자유롭다는 것은 자신의 판단에 따라서 행할 수 있는 것이고, 동시에 현실적으로 그렇게 행하는 것이다. 따라서 선생님이나 상사가 말하는 것이 잘못됐다고 느끼면서도 자기 장래를 생각해 반대 의견을 펴지 않고 그들의 판단에 따른다면 그것은 자유롭다고 말할 수 없다. 요컨대 가능성으로서는 자유롭지만 현실적으로는 자유롭지 못한 것이다. 행할 수 있는 것과 현실적으로 행하는 것 사이에는 갖가지 걸림돌이 있으며, 자유는 그 걸림돌을 극복할 수 있는가의 여부에 달려 있다.

하지만 자유를 실현하는 데 생명에 위험이 따르는 경우는 어떨까? 목숨을 걸고 자신의 자유를 실현할 수는 있어도, 그 결과 생명 자체를 박탈당한다면 이익은 고사하고 본전까지 날리는 것이 아닐까? 자유의 실현이 자유의 가능성을 박탈하는 이러한 경우는 극단적인 예다. 그러나 자유라는 것을 생각할 때, 최종적으로 이 문제를 피해갈 수는 없을 것이다. 그 전에 우리는 먼저 '자유를 감당해낼 수 있을까'라는 물음의 의미를 음미해봐야 한다.

감당해낸다는 것은 자유가 무거운 짐이 된다는 얘기다. 자유라는 것이 짐이 되는 이유는 자유가 필연적으로 책임을 수반하기 때문이다. 자신의 자유에 따라 행한 일에 대해 다른 누군가에게 책임을 지울 수 있을까? 요컨대 자유에 따르는 책임은 어느 정도 크고 무겁지 않을 수 없다. 그런데도 우리는 자신의 판단에 절대적인 확신을 품을 수가 없다. 그래서 자신의 판단이나 행위를 긍정해주는 타자를 찾아서 일시적 위안을 얻으려고 한다. 선생님이 인정해주었다, 상사가 인정해주었다, 세계적 권위자가 인정해주었다는 식으로. 하지만 여전히 책임은 자기 자신에게 있고 그곳으로부터 벗어날 수는 없다. 이러한 사실을 깨달았을 때 우리에게 자유는 기피해야 할 대상밖에 되지 않는다. 자유와 책임을 대신 떠맡아줄 사람을 찾아서 그에게 자신의 자유조차 기꺼이 양도하려 할 것이다. 그러나 그 교환으로 우리는 무엇을 얻었던 것일까? 이것을 『카라마조프 가의 형제』에서 도스토옙스키가 전개한 대심문관의 전설을 실마리로 확인해보자.

대심문관 이반이 지은 극시劇詩, dramatic poetry(희곡 형식으로 쓰여진 시—옮긴이), 대심문관의 무대는 스페인의 세빌리아로 이단자 심문의 광풍이 휘몰아쳤던 16세기다. 그때 그리스도는 15세기 이전과 같은 인간의 모습으로 민중 앞에 나타나 사랑으로 사람들을 치유하고 위로한다. 그것을 목격한 대심문관은 자신의 호위병에게 그리스도를 체포해 감옥에 처넣으라고 명령한다. 대심문관의 권력은 아주 강해, 사람들은 그의 명령에 순종하는 데 길들여져 있었으므로 군중은 얼른 호위병에게 길을 열어주었고 이마가 땅에 닿도록 대심문관에게 절을 했다. 그날 밤, 대심문관이 감옥에 있는 그리스도를 찾아와서 말한다. "왜 너는 우리를 방해하러 왔느냐? 너는 이미 모든 것을 교황에게 넘겨버리지 않았느냐. 지금은 모든 것이 교황 수중에 있다. 그러니 이제는 제발 나타나지 말아주었으면 좋겠다."

그리스도는 자유를 중시했지만, 대심문관은 인간이 자유를 감당해낼 수 없다고 생각했다. 그래서 대심문관의 노력은 자유를 정복해서 인민을 행복하게 해주는 일에 쏠렸다. 대심문관은 그리스도에게 말한다. "그런데 민중의 자유는 1500년 전인 당시부터 너에게는 무엇보다 귀중한 것이 아니었느냐. 그때 '나는 너희를 자유롭게 해주기를 원하노라'라고 입버릇처럼 말한 이가 바로 네가 아니었느냐 말이다. 그런데 너는 지금 그들의 자유로운 모습을 보게 된 거야. 사실 우리는 이 사업을 위해 얼마나 비싼 대가를 치렀는지 모른다. 하지만 우리는 너의 이름으로 마침내 이 사업을 완성했지. 지난 15세기 동안 우리는 이 자유를 위해 고초를 겪었지만 이제는 그것을 완성한 거야. 그것도 견고하게 완성했단 말이다. (…) 민중은 지금 그 어느 때보다도 자기들이 완전한 자유를 누리고 있다고 믿고 있지. 그러나 그 자유를 그들은 자진해서 우리에게 바친 거야. 겸손하게 우리 발밑에다 그것을 갖다 바쳤단 말이다. 그리고 그걸 완성한 건 바로 우리란 말이다. 네가 원한 것이 바로 이런 자유는 아니었을 게다!"

대심문관에 따르면 그리스도의 결정적 실수는 광야에서 악마가 던진 세 가지 물음에 대한 대답에서 발견된다. 마태오복음 4장에는 다음과 같이 기록되어 있다.

시험하는 자가 와서 예수께 말하였다. "네가 하느님의 아들이거든 이 돌들을 빵으로 만들어보아라." 예수께서 대답하셨다. "성경에 '사람은 빵으로만 살 것이 아니라 하느님의 입에서 나오는 모든 말씀으로 살 것이다'라고 기록되어 있다."

이것이 첫째 물음과 대답이고 그 의미를 대심문관은 아래와 같이 해석한다.

"너는 지금 세상으로 나가려 하고 있다. 그것도 자유의 약속이니 뭐니 하는 걸 가졌을 뿐 맨손으로 나가려 하고 있다. 그러나 원래가 어리석고 비천한 민중은 그 약속의 뜻을 이해하지 못하고 오히려 두려워한다. 왜냐하면 인간이나 인간 사회에 있어서 자유보다 더 견디기 어려운 것은 없으니까! 이 메마른 벌거숭이 광야에 뒹구는 돌들을 보라. 만일 네가 이 돌을 빵으로 만들 수 있다면 전 인류는 유순하고 점잖은 양 떼처럼 너의 뒤를 따르리라. 그리고 네가 혹시 빵을 주지 않지나 않을까 해 끊임없이 전전긍긍하리라"고 말하였다. 그러나 너는 민중에게서 자유를 뺏는 것을 원치 않았기 때문에 이 제의를 거부해버렸던 것이다. 너의 생각으로는 만약 그 복종이 빵으로 살 수 있는 것이라면 어떻게 거기 자유가 존재할 수 있겠는가 하는 것이었다. 그때 너는 "사람은 빵만으론 살 수 없다"고 대답했지만, 그러나 다름 아닌 그 지상의 빵의 이름으로 이 지상의 악마가 너한테 반기를 들고, 너하고 싸워 승리를 거두는 것이다.

게다가 대심문관은 만약에 예수가 '지상의 빵'을 받아들였더라면 '누구를 숭배할 것이냐?'라는 개개의 인간 및 전 인류에게 공통적이면서 영원한 번민에 대해 해답을 줄 수 있었을 것이라고 비난한다. 요컨대 자유를 누리는 인간에게 가장 괴롭고 해결하기 어려운 문제는 한시바삐 자기가 숭배할 인물을 찾아내는 것이다. 자기 양심을 지배해줄 자, 그것을 우리는 찾고 있다. 그런데도 "너는 인간의 양심을 지배하는 대신 도리어 그 양심을 증진시키고 그 괴로움으로 인해서 마음의 나라에 영원히 무거운 짐을 지워주지 않았느냐? 너는 너에게 유혹되어 사로잡힌 인간이 자유의지로써 너를 따라오도록 인간의 자유로운 사랑을 바랐다. 그 결과 확고한 고대의 율법을 물리치고 인간은 그 뒤부터 무엇이 선이고 무엇이 악인지를 자유의지에 따라 스스로 결정하지 않으면 안 되게 된 것이다."

둘째 물음과 대심문관의 해석을 보자.

그때 악마는 예수를 거룩한 도성으로 데리고 가서 성전 꼭대기에 세우고 말한다. "네가 하느님의 아들이거든 여기에서 뛰어내려보아라. 성경에 기록하기를 '하느님이 너를 위해 자기 천사들에게 명하실 것이다. 그들이 손으로 너를 떠받쳐 너의 발이 돌에 부딪히지 않게 할 것이다' 하였다." 예수님께서는 그에게 이르셨다. "성경에 이렇게도 기록되어 있다. '주 너의 하느님을 시험하지 마라.'"

대심문관은 말한다. "여기 세 가지 힘이 있다. 즉, 이 무력한 폭도들의 양심을 그들의 행복을 위해 영원히 정복하고 사로잡을 수 있는 힘은 이 지상에 단 세 가지밖에 없다. 세 가지 힘이란 기적과 신비와 권위를 말하는 것이다." 그런데도 예수는 이 세 가지를 모두 거부하였다. 그러나 인간은 예수가 생각했던 것 만큼 고결하거나 강하지도 않고, 자유로운 양심의 결정에 따라 행동하도록 되어 있는 것도 아니므로 결과적으로 예수는 인간을 불행하게 했다는 것이 대심문관의 주장이다. 그리고 약하고 비열한 인간을 행복하게 하기 위해선 오히려 "인간에게 중요한 것은 양심의 자유로운 결정도 아니고 사랑도 아니며 오직 신비가 있을 뿐이다. 모든 인간은 자기 양심에 거역하더라도 이 신비를 맹종하지 않으면 안 된다"고 민중을 설득해야 한다는 것이다.

세 번째 물음은 가장 강력한 시험이다.

악마는 또 예수를 매우 높은 산으로 데리고 가서 세상의 모든 나라와 그 영화를 보여주며 말한다. "네가 나에게 엎드려 절을 하면 이 모든 것을 네게 주겠다." 그때 예수께서 말씀하셨다. "사탄아, 물러가라. '주 너의 하느님을 경배하고 그분만을 섬겨라'라고 성경에 씌어 있느니라."

대심문관은 인간의 세 번째이자 마지막 고민을 세계적 결합의 요구라며 다음과 같이 말한다. "우리 친구는 네가 아니라 그 악마다. 이것이 우리의 비밀이다! 우리는 이미 오래전부터 너를 버리고 그와 한패가 되었다. 벌써 800년 전부터의 일이지. 꼭 8세기 전 우리는 그의 손으로부터 네가 분연히 거부했던 것, 그가 지상의 왕국을 보여주면서 너에게 권했던 그 마지막 선물을 그로부터 받았던 것이다. 우리는 그의 손에서 로마와 카이사르의 검을 받아 쥐고 우리만이 이 지상에서 유일한 왕자라고 선언했다." 이리하여 대심문관들은 세계적 왕국을 건설함으로써 인류의 세계적 행복을 실현하려고 했던 것이다.

자유를 포기하는 것으로 지상의 빵과 숭배할 만한 인물과 기적과 세계적 왕국을 손에 넣고 행복해질 수 있다는 것이 대심문관의 주장이다. 확실히 그럴지도 모른다. 만일 인간이라는 존재가 대심문관이 생각하는 것처럼 약하고 비열한 폭도이며 노예라면. 사실 예수가 주장하는 자유를 감당하고 관철할 수 있는 강한 사람은 정말 소수에 불과할 것이다. 대부분의 사람은, 아니 우리는 매일의 생활에 쫓기고 의지할 권위를 찾고 타자와 경쟁하고 그 해결을 힘에 호소한다. 자유나 사랑으로부터 얼마나 멀어져 있는가? 대심문관의 말을 들을 필요도 없이 이미 우리는 악마와 손잡고 살아가고 있는 것이다. 역시 자유는 인간에게 있어 감당할 수 없는 것일까?

인간이 약하고 비열하다는 점은 인정하자. 그러나 그 점이 자유를 감당해낼 수 없다는 것을 증명하지는 못할 것이다. 인간이 자유를 포기하고 그로부터 도망가려는 것은 자신의 약함과 비열함에 안주하려 했을 때다. 인간 앞에는 선으로의 가능성과 악으로의 가능성이 똑같이 열려 있고, 그 가능성에 열려 있는 것이 인간의 자유다. 즉 약함과 비열함 또한 인간 자유의 한 가지 존재 방식이라 할 수 있다. 동시에 인간은 그것을 조금이나마 감소시킬 수도 있다. 인간의 존재 방식을 하나로 고정해서 생각하는 것은 사실 인간의 자유를 부정하는 것으로 이어진다. 따라서 인간을 강하고 고결한 존재로 전제하는 것도 인간의 자유를 부정하는 일이 된다.

하지만 생명의 위기에 처해서도 자유를 실현할 수 있을까? 이 대답은 주어져 있지 않다. 대답은 각자의 몫이다. 자유를 위해 생명을 잃는 사람도 있을 것이고 또한 생명을 위해 자유를 포기하는 사람도 있을 것이다.

그러나 확실한 것은 어느 쪽도 우리에게 허용돼 있다는 것, 즉 여전히 자유로 계속 남아 있다는 것이다. 이반의 극시에서 대심문관은 다음과 같이 끝을 맺는다.

대심문관은 말을 마치고 얼마 동안 죄수가 뭐라고 대답할지 기다렸다. 그는 상대방의 침묵이 괴로웠던 것이다. 그러나 죄수는 조용히 노인의 눈을 들여다보며 뭐라고 대꾸할 기색도 없이 그저 가만히 귀 기울이고 있을 뿐이다. 노인은 비록 괴롭고 두려운 말이라도 좋으니 뭐라도 말해주기를 바랐다. 하지만 갑자기 죄수는 말없이 노인에게 다가오더니 90성상의 그 핏기 없는 입술에 조용히 입을 맞췄다. 그것이 대답의 전부였다.

14. 인간은 자유로움을 감당할 수 있는가

도덕의 존재에 대한
아포리아

15. 도덕은 정말 있는 걸까

나가이 히토시

테제 세상에는 만인이 지켜야 할 덕목이 엄연히 존재한다

안티테제 모든 존재는 약육강식의 원리에 따르고 있다

**도덕은
정말 있는 걸까?** '도덕은 정말 있는 걸까?'라는 물음은 참 기묘하다. 미리 말해두지만 이것은 내가 제기한 물음이 아니라 엮은이로부터 주어진 것이다. 정말 사양하고 싶을 만큼 이 물음은 이상하다. 그렇지 않은가? 도덕 따위는 싫다거나 하찮다거나 흥미 없다거나라는 식으로 말하고 싶은 사람은 산더미 같겠지만, 일반적으로 도덕이란 애초부터 존재하지 않는다는 식으로 말하고 싶은 사람이 있을까? 존재하고 있지만 나는 무시한다든지 하는 식으로 말하지 않고 애당초 존재하지 않는다니!

신은 존재하지 않는다고 주장하는 사람은 많다. 하지만 그렇게 말하는 사람이라도 그 신의 존재를 믿는 데서 성립하는 종교 그 자체가 애초부터 존재하지 않는다는 식으로 말하진 않을 것이다. 종교란 어떠한 이유로

그러한 허망을 믿는 사람들이 만들어낸 하나의 사회제도이고, 그런 것으로서의 종교는 물론 훌륭하게 존재하고 있다고 말할 것임에 틀림없다. 아니, 가만 있자. 어쩌면 그렇지 않을지도 모른다. 그렇게 말하는 사람들 가운데 종교라는 것은 사실 존재하지 않는다고 말하고 싶은 사람이 있을지도 모른다. 그렇게 말하는 사람은 대체 무엇을 말하고 싶은 것일까?

종교라는 건 사실 존재하지 않는다고 말하고 싶어하는 사람은, 종교가 당연히 갖춰야 할 본연의 모습에서 볼 때 현재 존재하는 방식의 종교는 모두 가짜이고, 진짜 종교는 존재하지 않으며 존재할 수 없다고 말하고 싶을 것이다. 어쨌든 가장 중요한 신이 존재하지 않기 때문에 그 신이 존재한다고 믿는 데서 성립하는 종교는 애초부터 허망한 것이고, 따라서 적어도 종교 자체가 자기가 이해하고 있는 방식으로는 존재하지 않게 되는 것이다. 그렇게 말하고 싶어하는 사람은 종교는 기껏해야 그런 것이라고 단념하고, 그런 의미에서의 종교의 존재를 긍정하는 사람과 생각은 같지만 그 생각을 자리매김하는 틀이 다르다. 종교가 정말 존재하는 경우와 대비시켜 현 종교의 허위성을 지적하고 있기 때문이다.

도덕의 경우도 그럴 것이다. '도덕은 정말 있는 걸까?' 하는 질문에 도덕은 사실 없다, 정말 존재하지 않는다고 답변하고 싶은 사람은, 도덕이 정말 존재하는 경우와 대비시켜 현실을 이해하고 있는 셈이 된다. 똑같은 현실 인식을 하고 있는 사람이라도 도덕의 본질에서 볼 때 그러한 대비 자체가 애당초 무의미하다고 여기는 사람은 도덕은 정말 없다는 등의 표현으로 자신의 생각을 드러내려 하지 않을 것이다.

**도덕은
정말 없다**

그런데 나는 여기서 '도덕은 정말 있는가?'라는 질문에 '정말 없다'고 답변하고 싶다. 그렇다고 세상에 도덕이라는 제도 자체가 없다는 식으로 말하려는 것은 물론 아니다. 종교가 온전하게 존재하듯이 도덕도 온전히 존재한다. '정말 없다'는 내 답변은 도덕 자체가 자신을 그렇게 이해하고 있는 것과 같은 방식으로는 존재하지 않는다고 말하고 싶은 것이다.

아이쿠, 맙소사. 중요한 사실을 잊고 있었다. 이 글을 쓰는 데 엮은이로부터 주어진 엄격한 지시 사항이 있다는 것을. 두 가지 대립적인 견해로부터 이야기를 시작하라는 지시다. 한쪽은 '세상에는 만인이 지켜야 할 덕목이 엄연히 존재한다'(테제)이고, 다른 쪽은 '모든 존재는 약육강식의 원리에 따르고 있다'(안티테제)이다. 테제는 도덕주의적 세계 해석의 입장인 반면, 안티테제는 반도덕주의적 세계 해석의 입장이라고 할 수 있다. 그리고 안티테제를 지지하면 모두는 약육강식의 원리에 따르게 되므로 도덕은 정말 존재하지 않는 셈이 된다.

하지만 이 대립은 좀 엉뚱하다. 우선 첫째로 '덕목'이 우스꽝스럽다. 도덕주의적 세계 해석이 반드시 특정 덕목을 지켜야 한다는 형식으로 표현되는 것은 아니다. 훨씬 더 정묘하고 세련된 형식으로 표현되는 것이 일반적이다. 하지만 그 점에 대해서는 나중에 언급하기로 하고, '싫은 녀석이나 얄미운 녀석을 (꼴 보기 싫다든지 밉살스럽다는 이유로) 후려갈긴다거나 때려죽인다거나 해서는 안 된다' 등과 같은 것을 '덕목'으로 이해하고 이 테제를 받아들여보자. '덕목'을 이런 식으로 이해하면 세상에는 만인이 지켜야 할 덕목이 엄연히 존재한다고 할 수 있다. 예를 들면 사유재산을 인정함에도 도둑질이 금지되지 않는 사회는 생각할 수 없는 것처럼 어떤 사회에나 지켜야 할 덕목이 필연적으로 존재한다. 그리고 모든 사회에 언어가 존재한다고 하면 거짓말이나 약속을 둘러싼 규범이, 요컨대 지켜야 할 '덕목'이 엄연히 존재하게 될 것이다. 그 점을 분명히 인정해야 한다.

둘째로 '약육강식'이 우스꽝스럽다. 약육강식이라고 하면 강한 녀석이 반드시 승리할 것 같은 느낌이 들지만 반도덕적 세계 해석이 그런 주장을 하지는 않을 것이다. 약자도 지혜나 운과 같은 강력한 힘 이외의 수단을 이용해 이기는 수가 있다는 사실을 당연히 인정할 것이다. 반도덕적 세계 해석의 기본은 가장 마지막에 누가 승리할까 하는 결과의 문제와 상관없이 누구나가 결국은 자신의 이익이나 쾌적함만을 목표로 살고 있다는 동기에 관한 견해로 보는 것이 적절하리라. '이기주의 이외의 것은 존재하지 않는다'는 니체의 테제가 가장 단적인 표현일 것이다. 하지만 그 점은 뒤에서 언급하기로 하고 조금 전의 제한 조건을 단 뒤에 이 안티테제 쪽도 받아들여보자. 약자가 강력한 힘 이외의 수단을 이용해 이길 가능성도 있음을 인정한다면 이 안티테제 또한 자명한 사실을 표현한 것에 불과하다. 여기서 생기는 의문은 그렇다면 도대체 강함이란 무엇인가, 강자란 누구를 말하는가 하는 것이다. 설마 완력의 강도만이 문제이진 않을 것이다. 만일 천부적 능력을 지닌 재주꾼 또한 강자가 될 수 있다면, 미남미녀이거나 타고난 운이 억세게 좋은 사람 역시 강자일 수 있다. 그렇다면 유덕하다거나 착한 사람은 어떤가? 그것 또한 하나의 힘이 아닐까? 착하다는 이유로 강자가 될 가능성 또한 있지 않을까?

아니, 가능성 정도가 아니다. 착한 사람은 반드시 강자일 수밖에 없다. 세상에는 만인이 지켜야 할 덕목이 엄연히 존재한다는 것은 그런 의미다. 그것은 그 덕목을 지키는 데에 가치를 인정하는 사회 풍습이 정착해 있고, 따라서 유덕한 것이 세상에서 힘이 된다는 의미다. 사유재산제 아래에서 부자가 필연적으로 강자인 점과 같다. 물론 덕의 힘, 선의 힘이 돈의 힘, 운의 힘, 미의 힘 등등에 지는 수도 있다. 하지만 이기는 수도 있다. 요컨대 현실에 존재하는 모든 인간사회에서 덕이나 선은 미나 운이나 돈과 대등하게 싸울 수 있는 힘이 된다.

그렇다면 왜 그리되었을까? 그 요인은 단순하지 않다. 거짓말이나 도둑질 금지와 같은 제도에 부수하는 규범이 있다면, 사적인 이유로 인한 살인 금지처럼 사회 방위를 본질로 하는 규범도 있다. 또한 다수의 '약자'가 연대해서 자신들에게 유리하게 작용하는 규범을 소수의 '강자'로 하여금 인정하게 만드는 경우도(특히 근대 사회에서는) 많을 것이다. 이러한 방식으로 성립된 규범은 대응하는 '덕목'을 산출하고, 그 덕목을 지키는 착한 사람들에게 사회적 가치라는 힘을 부여하게 된다.

물론 도덕적 세계 해석은 그렇게 간주하지 않는다. 요컨대 도덕 자체는 자신을 그런 방식으로 이해하고 있지 않다. 그 해석에 따르면 지켜야 할 덕목이 엄연히 존재한다는 것은 설령 현실적으로는 힘이 되지 않더라도—아니 오히려 힘이 되지 않을 때만큼은—지켜야 할 덕목이 엄연히 존재한다는 의미다. 이것이 도덕 스스로가 이해한 도덕의 본질이며 도덕적 세계 해석의 근원이다. 그런데 반도덕적 세계 해석에 따르면, 도덕의 그와 같은 본질이야말로 약자들이 자신들의 유일한 무기인 도덕에 큰 힘을 갖게 하기 위해 산출해낸 사상 최대의 발명품이다. 그 무기를 가짐으로써 그리고 그 무기가 유효하도록 투쟁의 규칙을 새롭게 만듦으로써 유덕한 약자는 다른 강자들과 대등하게 싸울 수 있을 만큼 강자가 된 것이다.

그러므로 테제와 안티테제의 대립은 테제 측에 서 있는 사람과 안티테제 측에 서 있는 사람의 대립으로 대립의 의미 자체가 바뀐다. 어느 쪽 입장에 서는가에 따라서 '지켜야 할 덕목이 엄연히 존재한다'는 말의 의미 자체도 달라진다. 테제 측에 서 있는 사람에게 지켜야 할 덕목이 엄연히 존재한다는 사실은 세상에 실제로 약육강식이 관철되고 있는지의 여부와는 궁극적으로 관계없다. 테제 측이 이해하는 것과 같은 의미에서 약육강식이 완벽하게 지배하고 있고, 도덕적 호소에는 전혀 신경을 쓰지 않는 사회가 있다고 해보자. 많은 사람은 도덕적인 삶의 방식을 견지하고서 죽어간다. '세상에는 지켜야 할 덕목이 엄연히 존재한다'란 궁극적으로 바로 그런 것을 의미한다. 그러나 안티테제 측에 서 있는 사람들에게는 실제의 세상이 그렇게 되어 있지 않다는 사실이야말로 '세상에는 지켜야 할 덕목이 엄연히 존재한다'는 것을 의미한다. 그리고 그들에게 있어서 그 명제는 약육강식이라는 사실의 냉엄한 관철을 보여주는 것에 불과하다.

그런데 나는 '도덕은 정말 있는가?'라는 질문에 '사실은 없다'고 답변하려 했다. 도덕이라는 제도는 엄연히 있지만 도덕 자체가 자신을 그렇게 이해하고 있는 것과 같은 방식으로는 존재하지 않는다고. 그 의미는 이미 분명해졌을 것이다. 설령 도덕적 호소가 전혀 먹혀들지 않고 유덕한 자가 잇달아 살해되는 세상이라 해도 도덕적으로 사는 일은 가치 있는 것이고, 가능하면 나도 그렇게 살고 싶다고 바라는 마음이야말로 이 세상에서 도덕에 가치를 부여하고 힘을 실어준다. 그러한 마음의 소유자는 이 세상에서 강자가 될 수 있다. 그리고 사실은 그처럼 강자가 될 수 있기에 그러한 마음이 성립되는 것이다.

끝으로 이삭줍기를 해두자.

도덕적 세계 해석은 늘 특정 덕목을 절대화하는 형식으로 표현되지 않고 훨씬 더 세련된 형식으로 표현된다고 나는 설명했다. 여기서 한 예를 들어두자. '사람은 무엇을 위해 사는가?'라는 인생의 의의에 대한 물음이다. 이런 유의 물음에 대해 때로는 인생의 참다운 가치는 도덕적으로 사는 것 안에 있다는 답변이 주어질 수도 있다. 마치 보다 착하게, 보다 올바르게 사는 것이야말로 인생의 의의 그 자체라는 듯이. 나는 여기서야말로 도덕적 세계 해석의 진면목을 볼 수 있다고 생각한다. 도덕이라는 사회제도와 인생의 의의는 본래 아무런 관계도 없다. 물론 도덕적으로 살아감으로써 인생이 풍요로워질 수도 있다. 그러나 역으로 궁핍해질 수도 있다. 그 밖에 여러 경우가 있겠지만 단지 그런 것에 불과하다. 아니, 만일 당신이 그럴 리 없다고 느낀다면 당신은 도덕적 세계 해석의 내부에 있는 것이다. 그것은 아주 좋은 일이다. 당신은 부자나 미인만큼 강자이고, 그들만큼 유리한 인생을 살 수 있을 것임에 틀림없으니까.

도덕은 더욱이 인생의 의의 문제에 한정되지 않는다. 누군가가 뭔가를 주장했을 때, 그것이 도덕적 근거에 의거하고 있음을 밝힘으로써 그 주장을 논박할 수 있다는 것은 니체의 탁견이었다. 이 탁견의 관점을 터득한다면 세상의 모든 언론은 세상에서 보통 이해되는 것과는 다른 양상을 띠게 될 것이다.

돈, 훌륭한 언변, 권력 등 인생을 겨루는 여러 수단을 상품에 비유한다면, 도덕은 말하자면 통용되고 있는 위조화폐다. 개인적인 취미를 말한다면 그러한 화폐를 마지막 남은 보루로 삼아 싸우지 않으면 안 되는 경우는 비참하다. '행복한 인생'이란 '도덕이라는 힘에 거의 의지하지 않고

—가능하다면 애초부터 지니지 않고—살아갈 수 있는 인생이다'라는 '정의'조차 성립될 수 있을 것 같다. 비참한 처지에 빠진 착한 사람들을 나는 딱하게 생각한다. 그러나 행복이 지나쳐서 위조화폐의 효력을 시험해 보고 싶어하는 착한 사람들을 나는 불쾌하게 생각한다.

반도덕적 세계 해석의 기본은 누가 이기는가 하는 결과의 문제에 있지 않고 누구나가 결국은 자신의 이익이나 쾌적함만을 목표로 살고 있다는 동기에 관한 견해로 보는 것이 적절하다고 나는 말했다. 이것은 궁극적으로 세계가 중심을 갖는다고 하는 명백한 사실로부터의 필연적 결과라고 생각한다. 유감스럽게도 그 논점을 상세히 전개할 여유는 없다. 다만 다음 사항만은 말해둘 것이다.

만일 당신이 자신의 이익이나 쾌적함을 추구한다면 우선 도덕적인 힘—그것은 수중에 넣기 가장 쉬운 힘이다—을 몸에 지녀야 한다. 그리고 자신이 그 힘을 수중에 넣은 최초의 동기를 적당히 잊어야 한다. 자신의 이익이나 쾌적함의 내부에 도덕적 관점을 깊이 배어들게 함으로써 당신은 강자가 될 뿐 아니라 목표 그 자체를 훨씬 실현하기 쉬운 것으로 변화시키게 된다. 그것으로 잃게 되는 것은 아무것도 없다. 그때 당신이 세상을 보다 행복이 넘치도록 만들기 위해 노력한다면, 그 세상이란 필연적으로 당신이 중심에 서 있는 당신의 세계이고, 역으로 또 당신이란 당신이 중심에 서 있는 당신의 세계가 되므로 당신은 당신 자신을 행복하게 만들게 될 것이다. 이리하여 테제와 안티테제는 완전히 조화를 이룬다. 그 조화의 과정에 의심을 품지 않는 한은.

기게스의 반지

옛날 그리스에 기게스라는 한 양치기가 있었다. 그는 자신의 종적을 감출 수 있는 불가사의한 반지를 손에 넣고는 그 힘을 이용해 마침내 왕권을 차지하게 된다.—플라톤은 『국가』에서 이 이야기를 통해 부정한 방법으로(처벌받는 일 없이) 무슨 일이든 할 수 있을 때에도 사람은 왜 정의를 지키지 않으면 안 되는가 하고 묻는다.

이것은 바로 '왜 도덕적이지 않으면 안 되는가?'라는 물음이다. '죄수의 딜레마' 항목에서 거론한 고티에D. GAUTHIER 등도 이와 관련해 논의한 적이 있다. 그들은 '기게스의 반지'에 상응하는 것이 실제 사회에서는 존재하지 않으며, 엄밀하게 말해 '종적을 감추는 일' 또한 일정 정도까지밖에 가능하지 않다는 전제 위에서 '도덕적인 쪽이 결국은 득이 된다'는 것을 증명해 보이려고 노력했다. 필자도 이러한 입장에 서 있지만, 그러나 근원적으로 묻기 위해 억지로 그러한 '반지'의 존재를 상정해서 '왜 도덕적인가'를 묻는 일도 가능하다. 일본에서도 오바 다케시大庭 健 등이 그것을 시도하고 있다.

이 플라톤적 물음에 대한 답변의 하나로 '신으로부터까지 모습을 감출 수는 없다. 기게스와 같은 이는 사후에 신에 의해 벌을 받는다. 그 벌을 받고 싶지 않다면 사람은 도덕적이어야 한다'라는 게 있다. 플라톤(그리고 소크라테스) 자신은 그러한 종교적 해답을 (『국가』에서는) 거부하고, '요컨대 참다운 행복은 정의를 지키고 나서야 비로소 가능해진다'고 답변했다. 철학자들이 다양하게 제시하고 있는 답변도 대부분은 이것의 변종이다.

그러나 이에 대해 일본에서는 특히 나가이 히토시永井 均가 니체적인 도덕 비판으로서, 그러한 '참다운 행복'이라는 것은(보통의 의미에서의 행복을 바라는 인간의) 자연에 반하는 의심스러운 것이라고 고발하고 있다.

이 기게스의 반지에 대해 키케로(『의무론』)나 루소(『고독한 산책자의 몽상』)도 기본적으로는 플라톤적 틀 안에서 언급하고 있다. 또한 레비나스(『전체성과 무한』)는, 약간 다른 관점에서 말하자면 인간 본질론적 고찰을 여기에 더하고 있다.

16. 도덕의 원천은 어디에 있는가

기 타 오   히 로 유 키

테제 도덕의 원천은 인간 내부의 생득적인 능력 속에서 발견된다

안티테제 도덕의 원천은 경험이나 교육에 있다

**두 가지
안티노미**
앞장의 물음에 대해서 '도덕이란 사실 존재하지 않는다'라는 대답을 택한 독자들에게는 이 장의 물음이 무의미하게 여겨질지 모른다. 하지만 그런 경우에는 '(사실은 있지 않은데도) 마치 존재하는 것처럼 보이는 (그리고 현실적으로 그런대로의 위력을 발휘하고 있는) '도덕'이라는 것의 원천은 어디에 있는가'라고 되물을 수 있을 것이다. 그러므로 여기서는 '도덕은 있는가?' 그리고 '도대체 도덕이란 무엇인가?'라는 물음에는 대답을 보류한 채 논의를 진행하기로 한다.

이 장의 물음에 대한 답변으로는 우선 다음 두 가지를 들 수 있다(첫 번째 안티노미).

제4부 도덕의 존재에 대한 아포리아

테제 도덕의 원천은 인간 내부의 생득적인 능력 속에서 발견된다(생득설).

안티테제 도덕의 원천은 경험이나 교육 속에 있다(경험·교육설).

그 위에 이와는 다른 각도에서 다음 두 가지를 들 수 있다(두 번째 안티노미).

테제 도덕적 판단의 원천은 이성이다(이성설).

안티테제 도덕적 판단의 원천은 이성보다 오히려 감정에 있다(감정설).

위의 테제와 안티테제는 지식의 원천을 이성에서 구하는 합리론과 경험에서 구하는 경험론이라는 인식론상의 두 가지 입장을 도덕에 적용한 것으로 볼 수도 있다. 다만 이때 합리론은 경험적 지식에는 확실성이 결여되어 있다고 보고 이성에 무게를 둘 수밖에 없지만, 도덕에 관해서도 마찬가지로 엄밀한 확실성을 요구하는 것이 타당한지 어떤지에 대해서는 입장이 갈린다. 그리고 또 경험설은 곧 감정설(경험설=감정설)이라는 게 아니라, 사랑이나 동정심과 같은 감정이 도덕의 원천이며 게다가 그것은 생득적이라는 견해도 있다. 한편으로 이성설에 있어서도 '이성의 도야'라는 교육적 측면의 필요성이 강조되는 수가 있다. 그러므로 아래에서는 일단 두 가지 안티노미를 별도로 논하기로 한다.

생득설과 경험·교육설

태어난 뒤에 이 세계의 선악에 대해서 부모나 교사 등 주변 사람들로부터 한 마디도 배운 적이 없는 사람이 있을까? 또 막 태어난 아기가 어른과 동일한 도덕적 판단을 내릴 수 있다고 진심으로 말할 수 있을까? 이러한 사실들에서 본다면 즉시 경험·교육설을 추천하고 싶어진다. 그러나 생득설을 주장하는 사람들이 정말 그와 같은 황당무계한 내용을 말하려는 것일까?

'선천적으로 인간의 마음에는 도덕 원리가 굳게 새겨져 있다'라는 주장은 태어났을 때 인간의 마음은 백지와 같다는 논의(로크)를 빌릴 필요도 없이 부정해도 좋을 것이다. 또한 '갓 태어난 아기가 어른과 동일한 도덕적 판단을 내릴 수 있다'라는 주장 역시 기각해도 좋다. 그러나 이것이 반드시 도덕적 판단능력의 생득성을 부정하는 것은 아니다. 갓 태어난 아기는 아직 일어서서 걸을 수 없다. 하지만 세월의 흐름과 더불어 기엄기엄하다 문을 잡고 겨우 일어서며, 장롱·벽 등을 잡고 걷다가 마침내는 사기 힘으로 걸을 수 있게 된다. 물론 그 과정에서 수없는 실패를 거듭하기도 하고 부모의 도움을 받기도 한다(즉 경험과 교육). 그럼에도 우리는 '인간은 직립 보행하는 능력을 태어나면서부터 갖고 있다'고 이해한다. 도덕적 판단능력에 대해서도 이와 같지 않을까? 아마 개화하는 시기와 정도는 다양하고 경험이나 교육이 크게 기여하는 것도 틀림없지만, 그럼에도 그 능력은 잠재적 소질로서 원래 우리 내부에 구비되어 있다고 말해도 좋지 않을까? 이것이 생득설의 주장이다(예를 들면 맹자의 성선설).

생득설이 그 존재 의의를 갖는 것은 생득적 요소를 일체 인정하지 않고 모든 것은 경험과 교육에만 의거한다고 하는 전면적인 경험·교육설에 대해서다. 과연 도덕적 판단은 경험에 의해서만 가능해지는 것일까? 예를 들면 실제로 친구를 괴롭혀서 그 친구가 자살에 이르는 것을 경험하지 않고는, 또는 선생님께 들켜서 호되게 꾸중을 듣거나 정학 처분을 받지 않고는 '괴롭힘'이 나쁘다는 것을 모를까? 아니면 실제로 친구를 괴롭혀본 경험이 없더라도, 그것을 하기 전에 나쁘다는 것을 알아야 하며 또 알고 있는 게 아닐까? 과연 세상사의 선악은 모두 그 사람이 받아온 교육에 의해서 결정되는 것일까? 예를 들면 카르토(가톨릭계 이단 섹스 교단 —옮긴이)라는 집단에서 태어나 양육되고 그 교의로 철저하게 세뇌된 사람들이 '구원받기 위해서는 무차별적 살인은 바람직한 행위다'라는 가르침에 따른다 해도 그것을 비난할 수 없는 것일까? 아니면 아무리 그렇다 해도 '무차별적 살인은 바람직한 행위다'라는 판단에 대해서 '아니오'라고 말할 필요가 있고 또 할 수 있지 않을까? 생득설은 이처럼 경험이나 교육에 전면적으로 굴종하지 않고 경험에 앞서서 혹은 경험이나 교육으로부터 독립해 도덕 판단이 존재함을 주장한다. 여기서는 이미 '타고난'이라는 생득성보다도 오히려 경험에 앞서서 그것으로부터 독립되어 있다는 선험성 쪽이 요점이 된다(칸트).

물론 이에 대해서 경험·교육설로부터의 반론도 가능하다. 예를 들면 실제로 친구를 괴롭히기 전에 그것이 나쁘다는 도덕 판단을 할 수 있는 것은 과거에 그와 유사한 경험을 자기가 했거나 타인이 한 것을 알고 있기 때문이다. 또한 카르토 집단의 '구원받기 위해서는 무차별적 살인은 바람직한 행위다'라는 판단에 대해서 '아니오'라고 말할 수 있는 이는 그 카르토 집단에 속하지 않은 사람으로, 그는 카르토 집단의 사람들과는 단지 다른 교육을 받아왔기 때문이다. 누차 생득적 능력으로서 자리매김 되는 양심 역시, 사실은 부모나 교육자나 사회적 환경의 영향에서 유래하는 것이다(프로이드). 무릇 윤리ethics라는 말은 그리스어로 윤리적 성행을 의미하는 ethos에서 유래하며, 더구나 그것의 어원은 사회적 관습을 의미하는 에토스라는 말이었다. 윤리적인 덕은 후천적 습관에 의해서 획득해야 하는 것이다(아리스토텔레스).

사족이지만 이와 같은 교육설을 주장하는 사람들이 무차별적 살인을 용인하는 것은 아니다. '세상에서 회자되는 도덕은 기껏해야 이런 것이다'라고 기술하고 있음에 불과하다. 거기서 권력관계를 간파하고 '도덕을 분별할 줄 아는 사람이란 잘 훈련된 개와 다르지 않다'고까지 말하는 그들의 목소리는, 그것이 사물을 냉철하게 통찰한 뒤 반발을 두려워하지 않고 말하려는 자세 때문이라면, 그것에 찬성하든 하지 않든 충분히 귀를 기울여야 한다. 그리고 이로부터 이 장의 물음이 앞에서 답변을 유보해두었던 '도덕이란 무엇인가?'라는 물음과 연계되어 있음을 알 수 있다. 어떤 이는 경험의 집적이나 교육에 의해 형성되는 것은 단순한 사회 관습이지 진정한 도덕이 아니라고 하지만, 또 다른 이는 도덕이란 기껏해야 그런 것에 불과하다고 한다. 도대체 어느 쪽일까?

도덕의 선험성을 주장하는 쪽에서는 한층 더 옹호론을 편다. 설령 이제까지 어떠한 경험을 쌓아왔건 또 어떤 교육을 받아왔건, 그 경험이나 교육으로부터 자동으로 '지금 여기에서의' 도덕 판단의 답이 나오는 것은 아니다. 그 경험이나 교육을 어떻게 유효하게 활용하는가는 그 자신에게 달려 있다. 그때까지의 교육에 의심을 품고 그것을 뒤엎는 판단을 내리는 것도 가능하다. 도덕 판단이란 단지 경험이나 교육에 앞선다기보다 오히려 경험이나 교육을 초월하는 것이 아닐까? 또한 이 방향을 철저하게 밀고 나가면, 도덕은 인간의 경험에 결코 좌우되지 않는 절대적이면서 영원불변의 것이라는 주장에 이른다(이에 반해서 경험·교육설을 받아들이면 도덕은 역사적·상대적인 것, 예를 들면 이데올로기의 한 형태에 지나지 않는 것이 된다).

과연 우리는 경험이나 교육을 능가하는, 진실로 주체성 있는 판단을 내릴 수 있을까? 논쟁이 여기에 이르면 문제는 앞에서 논한 '자유는 정말 있는 걸까'라는 물음과도 긴밀한 관련성을 갖게 된다.

이성설과 감정설

다음으로 두 번째 안티노미에 대해서 살펴보자. 일반적으로 말하면 이성설을 택하는 이들은 감정, 정념, 충동을 하나같이 대수롭지 않게 여기며 '감정에 떠밀린 행동'이나 '충동적인 행동'을 비난한다. 확실히 인간은 식욕·성욕 등 여러 감성적 충동을 갖고 있고, 그것들은 생명을 유지한다는 점에서 그 자체로는 나쁘지 않다. 그러므로 모든 정념을 제거하라고까지는 말하지 못한다. 그러나 정념에 끌려가버리는 것은 정신의 나약함이고, 정념이 하는 대로 몸을 내맡기면 갖은 문제가 일어나기 때문에 정념은 적절하게 통제하지 않으면 안 된다(데카르트). 그 통제의 기능을 수행하는 것은 이성이다. 반면 감정설을 택하는 이들은 여러 감정 속에는 사람을 불행하게 만드는 용렬한 감정이 있음을 인정하면서도, 그 위에 사람을 행복하게 하는 선한 감정도 있다고 본다. 길가에 쭈그리고 앉아 괴로워하는 사람을 봤을 때 무언가 해주고 싶다고 생각하는 것은 이성이 아니라 사랑이나 동정의 감정이 있기 때문이다(허치슨, 흄, 스미스 등). 또한 도덕 판단은 단순한 주관적 감정 표현에 불과하며 객관적·학적 의미를 가질 수 없다는 취지로 도덕 판단의 원천을 감정으로 보는 이도 있다(에이어).

도덕은 인간 고유의 영역이며, 인간을 인간답게 해주고 다른 동물로부터 구별하게 해주는 인간 고유의 능력은 이성이라고 하여 도덕의 원천을 이성으로 보는 사고방식도 있다. 인간 이성은 신에 의해서 인간에게 주어진 것이고, 이성에 따라 사는 것이야말로 인간성의 완성이라고 여기는 근세의 형이상학적 윤리 사상은 이러한 의미에서 대표적인 이성설이다. 이것은 행복이라는 관점에서 논할 수도 있다. 예를 들면 행복은 파토스적인 것에 있지 않고 로고스적인 심적 안정에 있다고 보는 데모크리토스나,

참다운 행복이란 외물外物에 의존하는 일 없이 내적 정신이 완전한 만족 상태에 있는 것으로 이를 위해서는 정신을 교란시키는 정념(특히 욕망)을 이성적 의지 아래에 두지 않으면 안 된다고 하는 스토아학파나 데카르트의 사고방식이 그렇다. 이처럼 누차 이성설이 절제(금욕)를 덕으로 삼는(플라톤, 아리스토텔레스, 토마스 아퀴나스) 것과 대비해본다면 감정설은 현실 긍정적인 도덕론이라고도 할 수 있다.

이성설과 감정설의 견해 차이는 원래 이성을 어떻게 보고, 감정을 어떻게 보는가의 차이에 의거한다고도 말할 수 있다. 이성설에 따르면 이성이란 정신의 자발성·능동성의 능력이고, 파토스로서의 감정·정념은 신체에 의해서 야기되는 수용성·수동성의 의식에 지나지 않는다. 외부로부터의 자극이나 촉발에 대한 반응이 감정인데, 그것은 외적 세계의 우연한 상황에 의존하기 때문에 도덕의 원천이 될 수 없다. 예를 들면 손님이 미인이기 때문에 마음이 끌려 바가지를 씌우지 않는 것은 도덕적으로 가치 있는 행위라고 할 수 없다. 손님에게 마음이 끌리든 끌리지 않든 상관없이 공정한 장사를 하는 것이 이성이 명하는 의무라고 판단했기 때문에 바가지를 씌우지 않는 것, 이것이야말로 도덕적으로 가치 있는 행위다(칸트).

그러나 예를 들면 셸러M. Scheler와 같이 선악의 인식은 이성에 의해서 이루어지는 것이 아니라 정서적인 감득 작용에 의해 이루어지며, 더욱이 감득이라는 정서적 작용은 가치 인식의 결과 생기는 감정 상태나 응답 반응이 아니라 지향적·능동적인 인식 작용이라고 주장하는 이도 있다. 따라서 이성=자발성·능동성의 능력, 감정=수용성·수동성이라고 단순하게 둘로 나눌 수 있는 것도 아니다.

감정설은 대략적으로 말해서 두 종류다. 하나는, 인간은 자기 보존 본능이라는 기본적 정념에 의거하는 이기적 욕구를 자연 본성상 가지고 있고, 이를 충족시키기 위해 고안된 것이 도덕이라고 보는 홉스류의 사고방식이다. 또 하나는 인간에게는 이기적 감정뿐만 아니라 타자의 쾌락快과 고통苦에 대한 공감으로부터 생겨나는 이타적 감정이 있고, 이 이타적 감정이야말로 공동사회가 지닌 도덕의 원천이라고 보는 사고방식이다. 좀 더 자세히 말하면, 그 이기적 감정과 이타적 감정을 앞에 두었을 때 이기적 감정이 폭주하는 것이 아니라 그 둘이 조화를 이루는 것에 우리는 쾌를 느끼게 되고, 그것이 도덕 감각이라는 설이다(샤프츠베리). 게다가 이 능력은 미적 감각과 같이 이해득실에 관한 이지적 계산에 앞서서 직접적으로 지각하는 감각능력인데(허치슨), 결국 도덕 판단은 이성이 아니라 감정에 의거한다는 설이다. 이 경우 이성은 단지 보조적인 역할을 하는 데 그치며, '이성은 정념의 노예이고 또 노예여야만 한다'고 말하는 경우까지 있다(흄). 의지 결정의 원천은 어디까지나 감정이고 이성은 예를 들면 자기 생명을 유지하기 위해서 어떻게 하는 것이 상책인지를 계산하는 능력, 어떤 행위를 했을 때 어떤 결과가 나올지를 추론하는 능력, 자신 내지 타인이 지금 놓여 있는 상황이 어떤 상황인지를 인식하는 능력에 불과하다. (이 사실로부터도 알 수 있듯이 감정설이라 해도 이성의 기능을 완전히 무시하는 것은 아니다. 역으로, 또 예를 들면 칸트와 같은 이성설에 있어서도 행위의 동기 부여에 관해서는 도덕률에 대한 '존경'의 감정이 중요한 역할을 하는 것으로 여겨진다.) 정념에 의거한 행위에 제동을 거는 것이 이성의 기능인 것처럼 종종 말하지만, 사실은 제동 임무를 완수하는 것은 이성이 아니라 이것 또한 하나의 정념(즉 격한 정념에 대항하는 온화한 정념)이라는 사고방식도 있다(흄).

이에 반해 이성설은, 감정이 아니라 이성이 의지를 규정하는 근거가 되어야 하며, 또 그렇게 될 수 있다고 본다. 즉, 이성은 단순한 이론적 능력이 아니라 그 자체가 실천적인 능력이라는 것이다(칸트).

도대체 이성이란 무엇이고 감정이란 무엇인가? 이성은 단순한 이론적 능력인가, 아니면 실제적 능력인가? 이 물음은 다시 자유의 물음과도 관계된다. 자유란 의지의 힘으로 정념을 이성에 복종시키는 것이라 한다면(데카르트), 도대체 우리에게 그러한 자유가 있는가? 아니면 정념을 거스르는 의지의 자유 같은 것은 존재하지 않는 걸까?(홉스)

문제의 소재

'생득설인가, 경험·교육설인가'라는 첫 번째 안티노미는 '자유는 있는가'라는 물음과 관련이 있다. 그리고 '이성인가, 감정인가'라는 두 번째 안티노미는 '이성이란 무엇인가, 감정이란 무엇인가'라는 물음, 그리고 '자유는 있는가'라는 물음과 관련이 있다. 따라서 이것으로는 논점을 약간 비껴놓았거나 논의를 뒤로 미뤄놓았을 뿐이라고 생각할지도 모른다. 그러나 틀렸다. 이 장의 물음이 '이성이란 무엇인가, 감정이란 무엇인가'라는 물음, 그리고 '자유는 있는가'라는 물음으로 귀결된다고 말한 것이 아니다. 그 물음과 관련이 있다고 말한 것이다. '자유는 있는가'라는 물음 그 자체만을 문제삼아서 답변을 내기란 쉽지 않으며, '이성이란 무엇인가, 감정이란 무엇인가'라는 물음에 대해서도 그것만을 문제삼아서 철학적 혹은 정신과학적으로 유일한 절대적 정의가 존재한다고 생각할 수 없다. 요컨대 이들 물음은 서로에게 연결되어 있어서 그 일련의 물음에 전체적으로 어떻게 대답할 것인가가 우리의 과제다. 게다가 그것을 통해서 '도덕은 정말 있는가' '도덕이란 무엇인가'라는 물음을 거듭해서 묻도록 우리는 강요받고 있는 것이다.

황금률
GOLDEN RULE

'남이 너희에게 해주기를 바라는 그대로 너희도 남에게 해주어라'(마태오복음 7:12), '자기가 하기 싫은 일은 남에게도 하게 해서는 안 된다己所不欲 勿施於人.'(『논어』 '학이') 예를 들면 이와 같이 긍정·부정이라는 두 가지 방식의 정식화가 있지만 자신이 해주기 바라거나/바라지 않는 것을 상대방에게 하라/하지 말라는 이러한 사고방식은 도덕의 기본으로서 서양에서는 '황금률GOLDEN RULE'이라 불린다.

성서 또는 마태오의 해석으로는 이 정식이 설정되어 있는 '산상설교'도 예수의 '사랑에 대한 주장'('자신을 사랑하는 것처럼 네 이웃을 사랑하라')과 연관지어 '사랑에 의한 율법의 완성'을 바랐던 것으로 해석하는 게 타당할 것이다. 현대적 표현(예를 들면 콜버그)으로는 이 부분을 '공평성 지향'과 '배려 지향'이라는 두 가지 방식으로 해석할 수 있지만 예수의 진의는 후자일 것이다. 그렇지만 일반적으로는 원래 단순하게 '상호성'을 강조한 것으로 여겨진다.

헤어는 이러한 사고방식을 전개해 '보편적 지시주의'를 주장하는데, 이때 원래의 사고방식에 대해 하나의 결정적인 수정을 가한다. 원래의 사고방식은 자신이 '대접받고 싶다고 생각하는' 바로 그 사항을 상대방에 대해서도 행하라는 것이지만, 헤어는 그러한 내용적 동등성을 제거한다. 자신이 대접받고 싶다고 생각하는 내용과는 독립적으로 상대방이 대접받고 싶다고 생각하는 것을(상상력을 통해서) 확정짓고, 자신이 대접받고 싶다고 생각하는 것을 상대방에게 바란다면 자신으로서도 상대방에게 그 상대방이 대접받고 싶다고 생각하는 것을 행하라고 다시 정식화한다.(예수나 마태오의 정식화도 '계율에 구속받지 않고 구체적 상황에 맞게 몸소 할 수 있는 것을 생각하라'고 다시 해석할 경우, 이 선에서의 이해와 정합화가 가능하다.)

이것은(자유주의 입장에서) 사람에 따라 '대접받고 싶다고 생각하는' 것의 내용이 다르며, 그것을 경우에 따라서는 친절=공연히 '자신이 대접받고 싶다고 생각하는 것'을 강요해서는 안 된다고 주장한 이도 있다. 덧붙여 말하면, 버나드 쇼는 대접받고 싶은 것이 사람에 따라서 다르다는 이 사태에 근거해 '당신은 타인들이 자신에게 이렇게 해주기 바라는 것과 동일한 일을 타인에게 베풀려 하지 말라'고 주장하기도 한다.

17. 도덕적 지식을 획득하는 데 도덕적 삶이 전제조건이 되는가

미 즈 타 니 마 사 히 코

테제 도덕적 삶은 도덕적 지식을 전제로 한다

안티테제 도덕적 지식은 도덕적 삶을 전제로 한다

도덕적 지식을 획득하는 데 선한 삶이 전제가 되는가, 아니면 역으로 선한 삶이 도덕적 지식을 전제로 하는가? 제목의 물음은 윤리학에 있어서 고전적인 문제 가운데 하나다. 테제로서는 '도덕적 삶은 도덕적 지식을 전제로 한다', 안티테제로서는 '도덕적 지식은 도덕적 삶을 전제로 한다'는 식으로 일단 정식화할 수 있을 것이다.

지식과 삶의 순환

소크라테스나 플라톤에 따르면 덕이란 바로 지식이기 때문에 '사람은 알면서도 악을 행하는 일은 없다.' 요컨대 무엇이 선이고 무엇이 악인지를 '알고 있음'에도 불구하고 악을 행하는 '방탕'(아크라시아를 번역한

말로 억제하지 못함, 위선과도 연결되는 의미망을 지닌다—옮긴이)와 같은 것은 존재하지 않으며, '방탕'이란 모르면서도 '알고 있다'고 착각하는 것에 불과하다. 그러나 극단적인 주지주의적 견해는 아리스토텔레스도 지적했듯이 상식에 어긋난다. '알고는 있지만 그만둘 수 없다'는 의지의 나약함, 혹은 좀 더 고상하게 말하면 『논어』를 외면서 『논어』를 모른다'(책의 뜻만 알았지 실천은 못 한다는 뜻으로 학자의 폐단을 지적한 말—옮긴이)는 것이야말로 우리가 매일 실감하고 있는 바다.

아리스토텔레스 자신은 이 문제를 이론적 추론과는 구별되는 실천적 3단 논법이라는 추론의 영역에서 생각함으로써 보다 훌륭하게 설명하는 듯 보인다. 그러나 한편으로 그는 이것을 '실천적 지혜(프로네시스) 없이는 본래적 의미에서 좋은 사람이 될 수 없지만, 윤리적인 덕(탁월성) 없이는 실천적 지혜를 가진 사람이 될 수 없다'라는 표현에서처럼 일종의 순환으로도 파악하고 있다. 이른바 '학문적 지식'(에피스테메)과 '실천적 지혜' 등 분류벽이 있는 아리스토텔레스에게 있어 지식의 구분이라는 문제는 일단 접어두고, 그는 『니코마코스 윤리학』 서두에서 이미 이러한 순환이 현실에서는 해결할 수 있는 문제가 아니라는 것을 보여줬다. 예를 들면 연소자나 윤리적 에토스가 미숙한 사람을 정치학의 청강자로부터 배제하고 습관상 예의범절을 몸에 익힌 자에게만 청강을 허용한다는 유명한 '청강 제한'의 경우가 그렇다. 이것은 아리스토텔레스가 방탕의 문제를 '알고 있으려면 몸에 익히고 있어야 한다'고 했던 것과 서로 통한다. 단서를 부여하는 예의범절이라는 발상은 푸코의 권력론에 나오는 '조련'이나 '훈육' 개념을 상기시키기도 한다. 그러나 '도덕'이 어떤 이유로 또는 어떤 장치로 기능해왔으며 또 기능하고 있는가 하는 사실에 대한 계보학적 고찰 이상의 것이 윤리학에 요구되고 있다면, 이 순환은 학문으로서의 윤리학에

17. 도덕적 지식을 획득하는 데 도덕적 삶이 전제조건이 되는가

있어 유명한 '의도와 행위' 또는 '신념과 행위'에 관한 아포리아에 앞서는 또 하나의 아포리아를 구성할 것이다.

시원에 대한 반성과 회심

이 순환은 자기반성이라는 철학적 작업으로 지식의 근원을 밝히려 할 때 거듭 표면화된다. 예를 들면 후설의 현상학이 이러한 반성을 가장 철저하게 수행했다고 알려져 있는데, 거기서 문제가 되는 것은 '현상학적 환원'이라 불리는 것이다. 특히 의지적인 반성 행위에 어떻게 동기를 부여할 것인가. 후설은 이 '현상학적 환원'을 수행하는 철학자의 습관적인 생활방식을 '새롭게 시작한다'라는 탈순환적 태도에 있다고 했다. 그러나 일개 인간이 '완전히 새롭게' 시작한다는 것은 가능한 일일까? 만일 가능하다면 그 동기 자체는 어디에서 주어지는 것일까? 후설 자신이 만년의 『유럽 학문의 위기와 선험적 현상학』에서 취한 해결은 '이성의 자기실현'이라는 '역사적 운동'을 철학자의 직업 소명설과 같은 것에 결부시킴으로써 '시원始源'에 대한 지향을 목적론적으로 설명하려는 것이었다. 후설의 목적론적 해석에 관한 번잡한 논의는 다음 기회로 양보한다 해도 '새롭게 시작한다'는 것에 대한 이러한 설명이 그다지 새롭지는 않다는 점에 유의해야 한다. 결국 그와 같은 단서 획득에 대한 논의는 윤리학에서 일종의 '회심론'과 결부된다. 실제로 후설 자신도 현상학적 환원의 수행을 회심에 비교하고 있다. 또한 현상학적 입장에서 더욱더 자각적으로 가치윤리학을 구상한 셸러도 '회개와 재생'을 정교하게 고찰하면서 잘못된 가치로 인해 과거에 저지른 잘못이나 인격을 회개하는 '회개'의 본래적 모습으로 '회심적 회개'를 받아들이고 있다. 현상학적 윤리학의 이러한 논의는 도덕에 관한 전문가의 존재를 긍정하고 또한 그것을 인식론적 전문가로 규정한다는 점에서 소크라테스=플라톤의 견해와 궤를 같이한다고도 볼 수 있다. 여기서 떠올릴 점은 플라톤이 『국가』에서 교육의 중요성을 대단히 강조하고 있다는 것이다. 『국가』에서는 하인의 자녀에게 베푸는 '주입'식 교육이 아니라 '산파술'식 문답법에 의해서 피타고라스의 정리를 증명하게 한다는, 『메논』에서 시도된 방법과는 또 다른 종류의 교육을 말하고 있다. 고대 아테네에서 폴리스의 존재를 전제로 한 『국가』의 교육론 내용 자체가 오늘날 교육의 장에서 제대로 거론되는 일은 거의 없다고 해도 좋으나, 어떤 의미에서든 교육학을 자기 자신의 체계 속에 포함하지 않는 윤리학이 과연 있을 수 있을까 하는 문제는 재고해볼 가치가 있다.

'회심론'의 난관

그런데 회심론적 설명이 지니고 있는 첫 번째 난점은, 후설이 문제가 많은 목적론을 언급하지 않을 수 없었던 데서도 알 수 있듯이, 회심 그 자체의 계기가 이론적으로 정식화되기 어렵다는 점에 있다. 이러한 설명의 모델이 되는 '종교적 회심'을 살펴보더라도, 오래전의 '사문유관四門遊觀(석가모니가 태자 시절 카파라성의 동·남·서·북 4문 밖에 나가 인생의 사고四苦를 직접 보고 출가를 결심한 일—옮긴이)'으로부터 '혜성의 출현'에 이르기까지 다양한 패턴이 있다. 위험한 것으로는 '세뇌'와 같은 경우도 있을 것이다. 물론 그러한 계기에 아주 심한 질적 차이가 있음을 인정해도 좋다. 그러나 그 질적 차이의 내용에 대한 평가 기준은 명확하지 않다. 좀 더 거친 표현을 쓴다면 그 기준은 '무엇이든 좋다'는 것이 될 수밖에 없지 않을까. 결국 현상학적 사회학의 창시자 슈츠Alfred Schutz가 말하는 것과 같은 '쇼크', 즉 현재의 자기에게 있어서 '현실'을 규정하고 있는 '한정적 의미 영역'으로부터 이탈해 새로운 삶의 모습으로 나아가게 하는 계기가 있다면 그것으로 충분한 것이다. 여기서 '회심' 이후의 행위가 문제라는 결과주의적 사고방식을 제기할 수도 있다. 그러나 그것이 '악으로의 회심'이라는 가능성도 고려하고 있다는 점에서는 진지한 발상이겠으나 이 장이 다루는 아포리아의 본질적인 '해결'은 될 수 없다.

두 번째 난점은 누구나가 그러한 회심을 반드시 경험할 수 있는 것은 아니라는 점이다. '생로병사'의 실상에 직면하고서 회심하는 사람도 있지만, 눈앞에서 굶주려 죽어가는 어린아이를 보고도 '이것이 현실'이라며 태연하게 받아들이는(즉 쇼크를 느끼지 않는) 사람도 있을 것이다. 이 경우 '쇼크를 느끼세요'라는 명령은 아마 '도덕적으로 살아라'라는 명령과 동일할 정도로 난센스일지 모른다. 그것은 '이러한 상황에서 진지한 인간이라면 쇼크를 느낄 것이다'라고 말하고 있음에 불과하다. 둔감함, 상상력의 결여는 '악덕'일지 모르지만, 회심론에 의하면 '악덕'으로부터의 이탈은 '회심'에 의해서 비로소 가능해지기 때문이다. 이상의 두 가지 난점이 결합함으로써 회심론적 설명 또한 이전의 순환으로 휩쓸려 들어가버리고 만다. '불교와 인연이 없는 중생은……'(아무리 부처라고 해도 불교와 인연이 없는 중생은 구제하기 어렵다)이라는 꼴이 되지 않을 수 없는 것일까?(물론 민감하고 풍부한 상상력을 지니고 있으면서도 '회심'하지 않는 '악의 숙련자'도 생각할 수 있겠지만 이에 대한 문제는 이 장에서 다루는 아포리아라기보다 이른바 "왜 도덕적이어야 하는가Why be moral?"라는 문제에 속한다고 본다.)

그 외에 회심의 지속성이라는 점도 문제가 될 수 있다. 한번 회심한 자가 그것에 의해서 획득한 도덕적 태도를 습관으로서 평생 지닐 것이라는 보장은 어디에도 없다. 실천적 영역에 있어서는 데카르트의 방법적 회의

처럼 '일생에 한 번은 단연코 모든 것을 근저에서 뒤집어엎고 최초의 토대로부터 새롭게 시작한다'는 것만으로는 해결되지 않는 것이다. 실제로 가톨릭 교의에서도 일생에 단 한 번밖에 가능하지 않은 '세례'성사와는 달리 죄에 관한 '고해'성사는 복수로 받는 것이 안정되고 있다. 이것은 반대 관점에서 보면 누범을 형의 가중 이유로 삼는다는 형법학에서의 일반적인 견해와도 관련될 것이다. 미국의 캘리포니아 주 어딘가에서 몇 해 전 '3진 아웃법'이라고 해 중죄를 저지른 누범자에게 두 번째 출소 후에는 설령 경미한 죄라도 범한다면 즉각 종신형에 처한다는 법률이 제정되어 화제가 되었는데, 그 뒤 어떻게 되고 있을까? 이 점에서도 윤리학은 '제재'나 '교정' 또는 '갱생'이라는 교육론적 개념에 무관심할 수 없다.

해석학과 커뮤니케이션 윤리

이러한 순환을 적극적으로 떠맡으려는 것이 가다머 H. G. Gadamer를 효시로 하는 현대의 철학적 해석학이다. 『진리와 방법』에서 전개된 그의 해석학은 일체의 선입견을 배제한 단서를 구한다는 근대 계몽주의의 발상을 비판하고, '전통'이나 '권위' 등의 개념을 재평가함으로써 지식이 시작되는 순환 구조를 밝히려고 했다. 그러한 의미에서 가다머는 이 아포리아를 피하고 있는 것처럼 보인다. 결국 순환이라는 아포리아 앞에서 옴쭉 못하는 이에 대해서는 그것을 아포리아라고 생각하는 것 자체가 잘못되었고, 그러한 순환이야말로 인간 정신이 열리는 방식을 보여주고 있다고 주장하는 것이다. 그렇지만 '선행적 이해'로서의 '선입견'을 이해라는 작용에 불가결한 요소로 여기는 점은 수긍할 수 있다 해도 '올바른' 선입견과 '잘못된' 선입견을 설령 사후적이긴 하지만 구별하는 데 의미가 있

17. 도덕적 지식을 획득하는 데 도덕적 삶이 전제조건이 되는가

다고 한다면, 여기서도 역시 순환은 아포리아가 될 것이다. 예를 들어 '권위'의 재평가라는 측면에 관해서 말하면, 이 점에서 선구자라 할 수 있는 셸러의 권위론이 보여주듯이 자기보다 뛰어난 가치 인식 능력을 가진 '권위' 있는 인격 그 자체의 가치를 먼저 인식할 수 있어야 한다. 그리고 이 인식은 늘 진정한 '권위'가 될 수 없는 '권력'으로의 유도나 르상티망 ressentiment(원한, 질투, 복수심을 뜻하는 말—옮긴이)으로 오인될 가능성을 내포하고 있다. '전통'이라는 점에서도 마찬가지다. 가다머가 지적했듯이 이해 작용이 언어를 통해 이뤄진다면 전통에 내재해 있는 언어 시스템으로 전통 그 자체 속에 언어적으로 매몰되어 있을지도 모르는 왜곡을 어떻게 비판할 수 있을까 하는, 이른바 해석학적 논쟁에서 하버마스가 제기한 물음이 가로놓여 있다. 이것은 자기비판 내지는 자기반성에 관한 아포리아이며, 이른바 '자기 언급의 패러독스'의 윤리학 버전이라고도 할 수 있다.

그와 같은 비판의 '자기 언급성' 내지 '자기 관계성'을 충분히 자각한 하버마스는 커뮤니케이션 윤리학 혹은 담론윤리학을 제창하는데 이 역시 이러한 순환으로부터 자유롭지 못하다. 그것은 '시스템 상으로 왜곡되어 있지 않다'는 의미에서 '이상적'인 커뮤니케이션 상황에서의 '합의'를 진리 기준으로 삼음으로써, 종래의 '의식철학'이 개인 주체의 자기반성에 빠져들지 않을 수 없었던 패러독스를 회피하려고 했던 것이다. 그러나 이러한 발상에 있어서도 앞에서의 순환은 '선한 삶이 성립하기 위해서는 올바른 커뮤니케이션이 필요하고, 올바른 커뮤니케이션의 성립을 위해서는 선한 삶이 필요하다'고 했듯이 커뮤니케이션론적으로 변용되어 등장하지 않을 수 없다. 물론 주도면밀한 하버마스는 이 순환이 적어도 이론적으로 치명적이 되지 않도록 장치를 마련해두었다. 그러나 이 이론이 우리의 얼마간의 '태도 변경'을 전제로 하고 있는 한, 앞에서의 아포리아는 윤리학에 있어서 생래적인 아포리아로 계속 남아 있을 것이다.

**'타자'와
지식의 한계**

오해를 무릅쓰고 말한다면 레비나스Emmanuel Lévinas의 '타자'론은 이러한 아포리아를 주체의 능동적, 자율적인 태도 변경에 관한 '이론'에 근거해 '윤리'를 정립하는 것은 불가능하다는 사실을 보여주고자 한 것이다. 레비나스는 지식의 절대적 '시원'을 찾아 주체의 주체에 대한 철저한 반성의 길을 끝없이 따라가려고 한 후설의 현상학이 최종적으로 맞닥뜨린 시간론적 패러독스를 그 극한의 한 점에서 '무한' '무시원'이라는 개념으로 역전시킨다. 그것은 어떤 광범한 시각으로의 전환에 의해서도(슈츠 식으로 바꿔 말하면 어떤 풍요로운 '한정적 의미 영역'으로의 이행을 하더라도) 자기 안에 '동일한 것'으로서 회수하는 것이 불가능한(그 의미에서 '무한'인 동시에 '무시원'의) '타자의 타성他性'을 '윤리'의 제1차 과제로 삼는 것이고, 그러한 타자의 타성이 단지 '흔적'으로만 드러나는 '얼굴'의 호소 앞에서 주체의 존재 방식을 '절대적 수동성'으로서의 무한 '책임'('응답 가능성')으로 파악하는 것이었다. 이것은 이미 통상적 의미에서의 '지식', 즉 선택하거나 가공하거나 배운다거나 하는 것과 같은 '지식' 혹은 '소유'하기도 하고 소유하지 않기도 하는 것과 같은 '지식'의 문제가 아니다. 거듭 말하면 여기서는 미리 자타의 '대칭성'을 전제로 한 '커뮤니케이션'도 문제가 되지 않을 것이다. 레비나스가 윤리학을 '제1철학'이라고 부르는 것은 이와 같은 '타자 앞에서 주체가 불가피하게 직면하는 절대적 수동성으로서의 무한 책임'이라는 '사실'에 대한, 이미 통상적 의미에서는 지식이라고 부를

17. 도덕적 지식을 획득하는 데 도덕적 삶이 전제조건이 되는가

수 없는 것 같은 지식이야말로 모든 주체적, 능동적인 지식에 선행한다는 의미다. 레비나스가 말하는 '지식이 될 수 없는 지식'으로서의 '윤리'와 그때마다의 상황에 따라 '당위'를 말하지 않을 수 없는 '정의正義' 사이에는 적어도 이 장이 문제로 삼아왔던 것과 같은 순환은 일어나지 않을지도 모른다. 오히려 문제는 시간론을 출발점으로 해 무한까지 설명하려는 '윤리'와 '나'도 '너'도 아닌 '제3자'를 고려하면서 특정 공간 안에서 지속적으로 실현해야 한다는 점에서 공간론적인 것이 될 수밖에 없는 '정의' 사이에 어떤 관계가 성립할 수 있는가에 있다. 이 '윤리'에 역할 같은 것을 무리하게 요구한다면 그것은 '정의'가 공간 상에 실현되는 과정에서 순환을 단절하기 위해 거의 필연적으로 발동시키는 '폭력', 즉 푸코적 의미에서의 '권력'을 감시하고 계속 고발하는 데 있다고 할 수 있을지 모른다. 그러나 그와 같은 '고발'에 어떤 '힘'이 남아 있는가라는 물음은 이미 허용되고 있는 것이 아닐까?

알고는 있지만
그만둘 수는 없네

이미 아주 오래전의 일이지만 우에키 히토시植木 等(1926~2007)가 부른 '스다라 부시'(1961년 발표된 코믹송, 일부 가사 내용: 잠시 한잔할 생각으로 마셨는데/어느새 모르게 2차, 3차까지 마셔댔네/정신이 들고 보니 지하철 벤치에서 잠이 들었네/이래선 몸에 좋을 리가 없지/알고는 있지만 그만둘 수는 없네—옮긴이)라는 노래가 있다. 그 노래를 들어보면 '알고는 있지만 그만둘 수는 없네'라는 구절이 나오는데, 이는 그리스에서 논의되어온 '아크라시아'(방탕)의 문제를 우에키 판으로 정식화해놓은 것이다.

소크라테스는 '알면서도 이 앎에 반해 악을 행한다'라는 의미에서라면 아크라시아란 존재하지 않는다면서 '그만둘 수 없는' 것은 실제로는 '알고' 있지 않기 때문이라고 했다. 이에 반해 아리스토텔레스는 명백히 '알고 있지만 그만둘 수 없는' 사태가 있다는 점을 인정하고 그것에 관해 상세히 분석해놓았다. 해석이 갈리는 부분이지만 그러나 아리스토텔레스는—분석으로서는— 여전히 소크라테스적 주지주의를 이어받고 있다.

이 문제는 '의지의 나약함'의 문제로서 행위는 '이미 알고 있는 것'(신념)에 의거해 이뤄지는 것이 아니라 거기에 매개항으로서 의지가 관여하고 있다는 점을 우선 확인해야 할 것이다. 그러나 한편으로 '알고는 있지만 의지가 앎에 반해 행위한다'는 식으로 단순하게 말할 수는 없다. 그때의 '이해'가 '알고 있는 대로 행위한다'는 경우의 '이해'와는 다를 가능성이 있기 때문이다. 오늘날의 윤리학계에서는 이른바 내재주의INTERNALISM 대 외재주의EXTERNALISM라는 대립 구도 속에서 이 '신념'과 '행위'의 관계를 '내적'으로 볼 것인지 '외적'으로 볼 것인지를 둘러싸고 논의가 진행되고 있다.

"내재주의" "외재주의"의 용어 규칙에는 아직 통일성이 없다. 예를 들어 네이글THOMAS NAGEL의 규정에 따르면 신념(신념만)이 행위의 동기가 된다고 보는—칸트가 그 전형임—것이 내재주의이고, 신념에 부가된 욕구 등과 같은 어떤 심리적 요인이 행위의 동기가 된다고 보는 —흄이 그 전형임—것이 외재주의다. 이에 반해 흄의 이른바 신념·욕구 이론에 입각해 욕구야 말로 행위를 낳는 주요인이며—흄의 경우 신념은 사실에 관한 신념이지만—윤리적 신념이 행위의 동기가 된다고 하더라도 그 신념은 욕구의 표현으로서의 신념이라고 보는 견해도 있다. 그리고 그러한 신념이 행위를 낳는 것으로, 그 신념을 지니고 있으면서 그대로 행위하지 않을 수는 없다고 하여, 그러한 신념(즉 욕구)과 행위의 관계를 내적이라고 보는 견해도 있다. 여기서는 오히려 욕구와 신념의 관계가 내재적인가 외재적인가 하는 것이 주요 논점이 된다. 이 경우 헤어가 기술하고 있듯이 내재주의는 기술주의記述主義에 대비되는 지시주의와 친화적이다.

그러나 그리스 원래의 논의에 입각해 논하려면 이른바 이성적 욕구라고도 할 수 있는 욕구가 헥시스로서 사람의 성격을 형성하고 있는지 어떤지 하는 관점을 도입할 필요가 있다.

18. 도덕은 효율성을 지향해야 하는가, 공정성을 지향해야 하는가

오 바　다 케 시

테제 결과와는 관계없이 행할 이유가 있는 행위가 도덕의 핵심을 이룬다

안티테제 좋은 결과를 가져오는 행위 원리에 따르는 것이 도덕의 핵심을 이룬다

'도덕은 효율성을 지향해야 하는가, 아니면 공정성을 지향해야 하는 가?' 이 '모럴 아포리아(?!)'를 '규범윤리학과 공리주의 윤리학의 대립적 시 각'에 의거해 논하시오. 이것이 나에게 부과된 논제다! 이 논제를 받아들 고는 독자들도 그렇겠지만 나 역시 아연했다. '효율성을 지향하라'고 요구 하는 도덕이 있을 수 있다고 누가 생각하겠는가? 효율성을 지향하라는 것은 합리성의 요구다. 도덕이란 합리성의 요구를 인정한 연후에 '합리적 이기만 하면 해결되는가?'라고 이의를 제기해왔다. 그리고 '효율성'에 대 항해 도덕이 추구해왔던 것은 법철학·법사회학자가 자랑스럽게 말하는 '공정성'도 아니다. 이것은 적어도 윤리학을 자기 일처럼 걱정하는 사람이 라면 누구든 느끼는 것이 아닐까!

모럴 아포리아란 근사한 표현이기는 하다. 그러나 모럴=도덕이란 '이

삶을 어떻게 살아야 할까?'라는, 특히 일인칭 문제에 관한 것이다. 그런데 '도덕' '모럴'이라는 말만이 번창하는 일본에서는 이 일인칭 물음이 공통의 언어로 서로 논의되는 윤리학으로 결실을 맺기 전에 늘 사소설(주로 작가 자신의 경험이나 심경을 피력한 사회성이 적은 소설—옮긴이)이나 사적인 윤리적 생각의 방류에 흡수되어왔다. 그것은 다름 아니라 일본에서의 윤리학에 대한 연구나 교육이 극히 초라하기 때문이다. 정평이 난 일인칭의 물음에 스스로 답변하기 위해서도 윤리학은 일단은 '인생, 어떻게' 하는 식으로 무인칭으로 문제를 설정해놓고, 분석적인 견해를 명쾌하게 제시하면서 서로 논리적으로 음미하지 않으면 안 된다. 그런데 일본의 윤리학은 여기에 이르러서조차 어느 시기의 누가, 어느 책에서, 어떻게 말했다/말하지 않았다는 식의 하찮은 보고서를 쓰는 것 외에 거의 아무 일도 하고 있지 않다.

자기 나름대로 독자적인 이론을 구축하는 수고는 덜면서(바로 효율적으로!) 지금의 서구에서 주류인 학설을 신속하게 해설하는 것으로 마치 스스로가 그 분야에서 일인자인 것처럼 행동해왔던 것이다. 메이지 시대 이래 이러한 트렁크 학문(폐쇄된 울타리 안에서 자기들끼리만의 학문—옮긴이)의 수법은 착실하게 이어져오고 있다. 그러하기에 결코 대단한 일이 아님에도 모럴 아포리아라는 표제와 같은 논제를 설정해놓고 '규범주의와 공리주의의 대립(?!)' 문제를 요란스럽게 떠들어대는 일이 급부상하고 있다. 적어도 '현재의 윤리 문제를 독자 자신의 문제로 생각하기 위한 모럴 차트 난문집'(이 책의 기획서로부터)을 지향한다면, 우선 효율성을 지향하는 트렁크 윤리학의 기반을 맨 정신으로 논하는 데서부터 시작해야 한다.

아래의 한정된 지면에서는 제각기 그때그때마다 서로 상처 입히고, 서로 위로하고, 또는 …… 등등의 사람들 사이에서 윤리를 생각하기 위해 예상 밖의 과제에 성실하게 답변하려는 시도의 일부를 기록한다. 아래의 주장은 아마 앞에 나온 '도덕은 있는 걸까?'를 둘러싼 나가이의 의견과 상보적이면서 서로 대립적인 견해가 될 가능성이 높다.

1.

테제의 입장에 따르면 도덕의 핵심은 '결과에 대한 고려와는 상관없이' 행해야 할 의무나 책무에 있다. 이러한 사고방식을 윤리학에서는 '의무론 deontology'이라 부르며, 칸트의 입장이 그 전형이다.

안티테제에 있어서도 도덕의 핵심은 행해야 할 행위 내지 채택해야 할 행동 방침에 있다. 이 점에서는 안티테제의 입장 역시 의무론과 다르지 않다. 그러나 안티테제의 입장에 따르면 무엇을 행해야 할 것인가 또는 어떤 방침을 채택해야 할 것인가는 그것들이 초래한 '결과의 좋고 나쁨에 의해서' 결정된다. 따라서 이러한 입장을 윤리학에서는 '결과주의 consequentialism'라 부르며, 공리주의가 그 전형이다.

지면의 제약 때문에 설명할 여유는 없지만, 그러나 칸트주의와 공리주의를 이처럼 대립시켜서 생각하는 것은 근본적으로 잘못된 것이다. 양자는 자신의 사실적인 선호에 반사실적 조건법을 적용시켜 편견 없는 impartial 관점을 구하는 절차로서 수학적으로도 서로 대립하는 것이다.

의무론의 주장

각자는 자신에게 유익한 결과를 초래하는 행위를 선택하며 사회 전체적으로도 유익한 결과를 초래하는 정책에 찬성한다. 물론 사회 전체적으로 유익한 정책이 자신의 이익을 크게 해칠 때에는 누구든 자신의

18. 도덕은 효율성을 지향해야 하는가, 공정성을 지향해야 하는가

이익을 앞세운다. 그러나 모든 당사자가 각각 적은 비용을 지불함으로써 사회 전체에 이익이 크게 늘어나고, 그 결과 자신의 이익도 늘어난다면 각자는 그러한 정책에 찬성할 것이다.

각자의 이러한 선택은 '합리성'이라는 규범에 따르는 당연한 선택이며, 특별히 도덕이 나설 자리는 없다. 사실 '합리적으로 행하라'는 규범만으로 일이 해결된다면 도덕은 필요 없다. 그러나 그렇게는 안 된다. 거기에는 수많은 문제가 있는데, 특히 중요한 것은 적어도 다음 두 가지 문제다.

① '유익한 결과'를 초래하는 행위나 방침이라고 하는데 그렇다면 결과의 '유익함'은 무엇에 의해서 측정되는 것일까? 그 사람의 욕구가 충족되기만 하면 결과는 유익한 것일까? 그것은 터무니없는 이야기다. 예를 들어 약물로 황홀경에 빠지고 싶은 욕구를 품고 있을 때, 교묘하게 약물을 입수하는 행위가(그 욕구를 소여로 이해한다면 합리적인 행위겠지만) 유익한 결과를 초래할 수는 없을 것이다. 만일 어떤 행위가 주어진 욕구의 충족이나 목적 달성에 유효하다 해도 가장 중요한 욕구나 목적이 왜곡되어 있다면 왜곡된 목적에 있어서 유효한 행위가 꼭 유익한 결과를 초래한다고는 할 수 없다.

이처럼 선택 규범을 생각할 때에는 실제로 하고 싶어하는 것을 합리적으로 실현하는 수단뿐만 아니라 도대체 무엇을 바라야 하는 건지, 어떻게 욕구를 충족시켜야 하는 건지도 문제가 된다. 그래서 어떤 욕구에 지배받고, 그 욕구를 어떻게 실현하려는 것이 인간다운가라는 물음이 제기된다. 이러한 인간다움, 인간에게 합당한 목적의 설정, 인간에게 합당한 바람직한 행위를 찾아가는 것이 도덕이다.

② 각자의 합리적인 행위 선택이 서로 조화를 이룬다는 보장은 전혀 없다. 오히려 충돌하는 것이 보통이다. 물론 서로의 손익 계산과 힘의 관계에 의해 타협은 가능하다. 그러나 타협이 성립했다 해도 거기서 성립

하는 질서가 인간에게 합당한, 인간다운 질서이기 위해서는 단지 '합리적으로 행위하라'는 것만으로는 해결되지 않는다. 충돌을 계속하고 있으면 자신도 손해이므로 상대방을 마지못해 인정하는 것이 아니라 자신의 손익과는 관계없이 상대방을 하나의 인격으로 인정해야 한다. 이것이 없으면 인간에게 합당한 질서가 생겨나기란 불가능하다. '이 상대방이 자신에게 어떤 도움이 되는가?'라는 손익 계산을 초월해 단적으로 매우 소중한 인격으로서 상대방의 존엄성을 인정해야 한다. 이것이 도덕의 핵심이다.

이것은 상당히 설득력 있는 주장이다. 여기서는 지면의 제약으로 다룰 수 없지만, 여러 구체적인 예가 이 주장을 뒷받침하고 있다. 가장 상징적인(게다가 확실한) 사례를 하나만 들어둔다. 어떤 왜곡된 욕구, 왜곡되게 설정된 목적에 있어서 가장 합리적인 폭력적 행위의 현장과 그 폭력이 가해진 사람의 얼굴…….

결과주의의 주장

도덕이 추구하는 것은 단지 합리적으로 선택하라는 것만이 아니다. 그것은 당연한 말이다. 자신의 욕구가 정말로 실현'할 만한' 인간다운 욕구인가, 자신들의 관계가 정말로 유지'할 만한' 인간다운 질서인가? 도덕은 이러한 반성을 요청한다. 이것 또한 당연하다. 그러나 추구하고 유지'할 만한' 인간다움은 어떻게 확정되는가?

의무론에 선 윤리학은 종종 다음과 같이 이야기한다. 어떠한 문화나 사회에서도 무엇이 '인간다운' 행위인지는 정해져 있고, 그런 '인간다운' 행위가 행해지기만 하면 저절로 인간다운 사회가 생겨나기 마련이라고.

18. 도덕은 효율성을 지향해야 하는가, 공정성을 지향해야 하는가

이와 같이 전제하고 있기 때문에 의무론자는 결과를 고려하지 말고 행해야 할 행위를 하라고 요구한다. 그러나 여기에는 적어도 두 가지 문제가 가로놓여 있다.

① 지옥으로의 길은 선의로 포장되어 있다. 결과의 불확정성을 뒤로 미뤄둔 채 '인간다운' 선의를 갖고 '인간으로서의' 의무를 다하려는 행위는 종종 비인간적인 사태를 초래한다. 언뜻 보기에 '인간으로서 당연'하다고 여겨지는 행위도 시간·장소·상황 여하에 따라서(나치와 칸트주의를 연관짓지 않는다 해도) 전적으로 다른 의미를 가지며, 다른 사태를 초래한다. 욕구가 인간으로서 '왜곡되어' 있는가, 욕구를 충족하려는 행위가 인간으로서 '왜곡되어' 있는가? 이것은 그 욕구·행위만을 골라내 '인간으로서의' 의무·책무라고 하는 척도로는 잴 수 없다. 문제는 어떠한 사회 시스템에서, 어떠한 결과를 초래하는가이다.

② 어쨌든 수행해야 할 '인간다운' 행위가 일의적으로 정해져 있다는 주장은 시대나 상황을 초월해 '인간의 본질'이 실재함을 전제로 하고 있다. 그러나 그러한 '본질'을 전제로 삼는 것은 이데아라든가 영혼을 떠받드는 형이상학에 기대는 것이다. 그런데 이처럼 '본질'을 상정하는 형이상학에 의지하는 것은 자신들의 시대에서 표준적인(빈도의 의미에서) 행위를 인간의 본질에서 기인하는 규범norm으로 간주하고 '어쨌든 행해야 할' 것으로 정당화하는 것이다. 그렇기 때문에 의무론적 윤리학은 인간의, 세계사의, 사회의 '본질'을 내세운 이데올로기에 아주 쉽사리 동화돼왔던 것이다.

이 주장은 심각할 정도로 설득력이 있다. 앞에서의 사례로 말한다면 폭력적 행위가 가장 합리적인 동시에 정당한 행위로 선택되었을 때, 목적 설정의 '왜곡'은 결과의 고려를 단절한 소산이라는…….

2.

의무론에 의한 결과주의 비판

결과를 신중하게 고려하면서 최선의 결과를 가져오는 행위를 선택한다. 그것이 나쁠 리 없다. 그러나 신이 아닌 우리는 자기 행동의 결과를 전부 고려한 후, 최선의 결과를 가져다줄 행위를 선택할 수는 없다. 정신을 차려보면 그때 저마다의 상황에서 여러 결과를 끊임없이 생각할 틈도 없을뿐더러 어쨌든 하지 않으면 안 되는 일이 있고, 어쨌든 해서는 안 되는 일이 있다. 이 '어쨌든'이 그 자리에서만의 '그때'가 아니라 '누구든지 인간이라면 그럴 때에는 어쨌든'이라는 보편성을 지닐 수 있는 것, 이것이 도덕의 핵심을 이룬다. 어쨌든 약자를 등쳐서는 안 되며, 빌린 것은 어쨌든 되돌려주어야 한다.

물론 무엇이 '어쨌든 해서는 안 되는 것'인가에 대해서는 각 시대의 도덕마다 일정한 차이가 있다. 의무론은 이것을 숙지하고 있다. 그러나 그 위에서 도덕의 핵심은 공정한 관점에서 '어쨌든 해야 할 것'에 있다고 주장하는 것이지 자기들 시대의 다수파의 행위를 정당화하는 것은 아니다.

마찬가지로 같은 시대, 같은 상황이더라도 '어쨌든 해야 할 것'과 '어쨌든 해서는 안 될 것'이 서로 충돌한다는 사실을 의무론은 무시하지 않는다. 그러나 그렇다고 해서 '행해야 할 것은 그때마다 예상되는 결과에 따라서만 결정된다'는 식으로는 되지 않을 것이다. 그때마다의 결과에 의해서 모든 것이 결정된다면 그것이야말로 '이기면 충신(강한 자가 정의가 됨을 비유하는 말)'밖에 되지 않는다. 비록 만인의 행복을 증진시킬 수 있다 해도, 무고한 일개인을 난도질하는 일은 어쨌든 해서는 안 된다.

18. 도덕은 효율성을 지향해야 하는가, 공정성을 지향해야 하는가

**결과주의에 의한
의무론 비판**

행위나 방침의 선악은 그것을 선택했을 때의 결과에 대한 평가에 의해서 결정된다. 지금 도덕의 핵심을 둘러싸고 논의하고 있지만, 이때 어떻게 합의하는 것이 '좋은가' 하는 판단 역시 합의에 의해서 초래되는 결과의 선악에 따라 결정된다. 이처럼 행위나 방침의 선악은 그 열매에 의해서만 판정된다. 그렇다고 '죽은 사람은 말이 없다'는 식의 '이기면 충신'이 되는 것은 아니다.

결과란 한 번만으로 확정되지 않는다. '이기면 충신'이라는 말 자체는, 패한 적군의 기억과 그리고 적군의 후예와 충신의 후예의 그 후……라는 연쇄 안에서 유사한 드라마의 재인식이 일어났기 때문에 유의미한 말일 수 있다. 이러한 재인식의 무한한 연쇄를 전망하고 난 후 최선의 결과를 가져올 행위를 선택한다는 것이 인간에게는 불가능하다. 이것은 당연한 말이다. 그러나 인간은 언어와 장기 기억을 갖는 생물로 수많은 경험을 계승하면서 어떠한 행위·정책이 견디기 어려운 결과를 가져오는지를 배워왔다. 결과의 좋고 나쁨은 어디까지나 그러한 부류의 학습에 비춰보면서 지금의 상황을 주시해 판단된다. 설사 전체에 이익이 된다 해도 무고한 개인을 난도질하는 일을 정당화하는 것은 같은 부류의 학습에 비춰보면 인간으로서 견디기 어려운 사태를 초래한다. 그러므로 그것은 '해서는 안 되는' 것이다.

**끝맺기에
앞서**

의무론으로부터

집단의 이익을 위해 무고한 소년들을 매트로 말아서 죽이거나 무고한 소녀들을 대량으로 감금해 능욕하더라도, 어느 누구에 의해서도 증언되지 않고 어떤 이의 기억에도 남지 않는 일회적 예외 상황을 가정해보자. 그때는 결과를 고려할 필요가 없기 때문에 '어쨌든 해서는 안 된다!'는 도덕적 표현이 나오지 않을 것이다. 결과주의가 커다란 설득력을 갖는 듯 보이는 것은 사태가 '인간으로서' 견디기 어려운지 그렇지 않은지가 결과의 좋고 나쁨에 대한 판단으로 밀수입되고 있기 때문이다.

결과주의로부터

목격자도 없고 따라서 공통의 언어로 공통의 기억에 새겨질 가능성마저 없다 해도 무고한 소년·소녀를 희롱하며 고통을 주다가 죽이는 짓은 '어쨌든 해서는 안 된다.' 이 표현이 정말로 반향을 불러일으키기 위해서는 오로지 '이것이 버젓이 통용돼버린다면 결과는 어떻게 될까?'라는 물음이 현실적일 때, 또 그때에 한한다. 사태가 인-간으로서 견디기 어려운지 어떤지는 현실의 쾌락과 고통을 둘러싼 인-간의 호응을 통해서 판단되지 '인간이라는 것'에 비춰서 판단되지 않는다.

18. 도덕은 효율성을 지향해야 하는가, 공정성을 지향해야 하는가

최대다수의 최대행복

가능한 선택지 가운데 (1)가능한 한 많은 사람에게 행복을 가져다주고, 또 (2)사람들 각자의 행복 총계가 가능한 한 많은 행위(혹은 정책)를 옳은 행위(정책)라고 판단하는 것을 기술해놓은 것. 공리주의 사상을 단적으로 나타내는 표현으로서 자주 이용된다.

(1)과 (2)는 모순되는 경우도 있겠지만 보통 공리주의는 (2)로서 이미지화된다. 비록 특정한 (소수의) 사람이 불행해진다 해도 동시에 많은 사람의 행복이 총계상 최대가 된다면 행위는 정당화된다고 비판받기도 한다. 이에 대해 일반적으로 권리론 차원에서 행복의 총계가 최대가 된다 해도 여러 개인의 일정 수준의 행복이 침해받아서는 안 된다는 수정이 가해진다.

벤담 식의 공리주의에서는 쾌락주의HEDONISM 입장에서 '행복'은 '쾌락'으로 환원되며, 또 후자는 하나의 객관량으로 간주된다. 이에 반해 오늘날에는 '선호공리주의' 입장에서 주관주의적으로 사람의 '선호 충족'을 고려하는 방식이 일반적이다. 경제학은, 사람은 자기의 선호 충족을 최대화하고자 한다는 전제에서 이론을 구축한다. 이때 자주 '경제인HOMO ECONOMICS'이라는 말이 거론되지만, 그러나 이것은 사람은 자신의 '쾌락'을 최대화하고자 한다는 전제를 그 위에 두고 있는 것이고, 반면에 그러한 쾌락주의적 전제를 두지 않는 경우도 있다. 같은 경제학에서도 예를 들면 미제스LUDWIG EDLER VON MISES의 '프락시올로지PRAXEOLOGY'가 그렇다. 윤리학 일반으로서도 예를 들면 무어와 같이 비쾌락주의적 공리주의를 주장하는 사람도 있다.

'선호(공리주의)'에 대해서는 많은 논점이 있지만 윤리학적으로 특히 중요한 것은, 사람은(객관적으로 볼 때) 낮은 단계LEVEL의 것을 선호한다는 '적응적 선호'의 문제라든지, 타인이 어떤 것을 한다·어떤 상태에 있다는 것을 선호한다는 '외적 선호'(드워킨)의 문제, 최대의 만족을 인정한다 해도 그것을 실현하는 수단을 확정해가는 데는 매우 많은 비용을 요하는데 그 난점을 어떻게 처리할까 하는 문제—사이먼H. SIMON은 여기서 '최대의 만족'을 대신해 '충분한 [정도의] 만족SATISFICING'을 역설한다—등이 있다.

19. 도덕규범은 처세술과 합치하는가

오 치 미 츠 구

테제 도덕적 지식과 처세술 사이에는 단절이 있다

안티테제 도덕적 지식은 처세술과 긴밀한 관계에 있다

숨어 있는 아포리아

이 딜레마를 아포리아라고 생각하는 독자는 많지 않을 것이다. 대부분의 사람이 테제를 택하고 안티테제를 멀리하는 것에 어떤 의문도 제기하지 않을 것이기 때문이다.

사람은 누구나 험난한 세상살이에 부대끼다보면 처세에 뛰어나지 않을 수 없다. 그러나 처세를 잘한다고 도덕적인 사람이 된다는 보장은 없다. 도리어 처세술에 능란한 사람들이 젊은이들 눈에는 타산적인 위선자로 비칠 것이다. 사심 없는 행위를 명령하기만 하는 도덕에는 숭고한 반향이 있어도 처세에는 필요악의 반향밖에 느껴지지 않는다. 아무리 생각해도 처세에는 도덕과 필적할 만한 품위가 없다.

오늘날의 윤리학자도 마찬가지로 생각한다. 많은 연구자가 테제를 당연하다고 여기는 반면, 안티테제의 가능성을 고려하는 이는 드물다. 딜레마는 보통 서로 대립하면서도 어느 쪽도 성립할 수 있는 선택지로 이뤄져 있다. 이러한 형식의 물음을 칸트가 "안티노미(이율배반)"라고 부른 것은 그 때문이다. 그러나 도덕과 처세에 관한 딜레마는 처음부터 한쪽의 우위가 눈에 띈다. 그러하기에 오늘날의 윤리학자 대부분은 무엇이 딜레마인가 하고 의아해할 것이다.

다만 처세를 세상살이의 지혜라는 의미에서 사회적 상식이나 통념으로 본다면 도덕은 이와 무관할 수 없다. 도덕을 위반하는 사람 대부분은 비상식적인 사람이기도 하기 때문이다. 빈 깡통을 함부로 내다버리는 사람이나 좌석에 짐을 올려놓아 타인에게 양보하려 하지 않는 사람을 우리는 비상식적인 사람이라고 부를 수 있지 않을까? 일상의 사회성 혹은 사교성을 고려하지 않는 자위적인 도덕은 그야말로 도덕의 이름을 빌린 위선일 것이다. 처세는 어떤 문화에 뿌리박힌 오랜 관습이나 습속과도 깊은 관계가 있는데 이 점에서도 도덕은 다르지 않다. 도덕은 문화 안에서밖에 생존할 수 없다. 애초부터 윤리학(에티카)의 어원이 된 에토스라는 말 자체가 습속을 의미하는 용어이지 않았던가.

이렇게 생각하면 처세와 도덕 사이의 거리는 가까워진다. 그와 더불어 테제와 안티테제의 관계가 아포리아 양상을 띠게 된다. 이러한 의미에서 이 딜레마는 오늘날에는 아포리아라고 여겨지는 경우가 적은 '숨은 아포리아'인 것이다.

이 숨은 아포리아에 대한 내 입장을 미리 밝혀두려 한다. 나로서도 가능하다면 인기가 없는 처세 편을 들고 싶지 않다. 그러나 도덕과 관계없는 처세나 처세에 적대적인 도덕이 존재한다는 것을 인정하더라도 도덕이 상식으로서의 처세와 관계없다고는 생각하기 어렵다. 지금이건 예전이건 처세에 숨어 있는 인생관이나 인생훈은 도덕의 본거지다. 이러한 관점에서 아래에서는 불리한 안티테제 편을 들어 처세의 오명을 조금이라도 벗겨주고 싶다.

처세의 난점 원래 처세는 학문의 적으로 간주되어왔다. 학문은 엄밀한 앎을 목표로 하지만 처세는 이 요구에 부응할 수 없기 때문이다.

예를 들면 선입견(편견). 처세에는 여러 선입견이 섞여 있다. 일찍이 고대의 플라톤도 이를 염려했다. 그는 신념으로 물들여진 억견doxa(플라톤이 개념적인 참된 인식에 대해 낮은 주관적 인식을 가리켜 부르는 말, 반대어는 에피스테메―옮긴이)과 학적 지식인 에피스테메를 엄격히 구별했다. 이러한 구별은 많은 철학자에 의해 공유되었고 선입견을 제거하기 위한 갖가지 방책 또한 고안되었다. 베이컨의 이돌라(우상)론이나 데카르트의 방법적 회의가 그 대표적인 예다.

게다가 처세는 시대나 사회 구조의 변천과 더불어 변모한다. 그러나 학적 활동은 어디까지나 '변하지 않는' 부동의 지식을 지향한다. 보편성의 확보나 근거 마련을 위한 절차가 늘 문제가 되는 것은 그 때문이다. 이러한 의미에서 학문의 역사는 상식을 극복하는 역사였다.

하지만 윤리학자가 처세를 멀리하는 것이 반드시 그러한 이유 때문만은 아니다. 엄밀한 지식을 지향했던 칸트조차도 특히 도덕에 관해서는 상식으로서의 처세('보통의 인간 이성')를 중시했다. 처세 속에 도덕의 핵심이 감춰져 있음을 간파했기 때문이다. 데카르트 역시 처세의 도덕을 '잠정적 도덕'으로 여겨 상당한 신뢰를 보였다. 오히려 상식으로서의 처세를 도덕

원리 그 자체로 파악하고 거기서부터 윤리학을 구축하려는 철학자조차 발견할 수 있다(예를 들면 '상식학파').

여하튼 적어도 현대에는 도덕적 지식이 엄밀한 지식이지 않으면 안 된다고 생각하는 윤리학자는 전무하다고 해도 좋을 것이다. 초월론적으로 근거를 확보하는 것이라면 어떨지 모르겠지만 도덕적 지식을 궁극적으로 근거지을 수 있다고 공언하는 윤리학자는 보이지 않는다(아펠 대 한스 알베르트의 논쟁을 떠올려보자).

다만 윤리학의 고유한 관점에서 볼 때 처세의 난점으로 여겨지는 것이 있다. 오늘날의 윤리학자들이 처세를 멀리하는 이유는 많은 경우 이와 관련된 듯하다. 두 가지 강력한 난점을 지적하고자 한다.

하나는 논리적인 난점. 특히 주목받았던 것은 사실판단으로부터 가치판단을 도출한다는 난점이었다. 여기에 저촉되는 처세는 무수히 많다. 예를 들면 '고교생은 고교생답게 해야 한다'라든가 '노인이므로 노인답게 해야 한다'라는 지금까지도 상식으로 여겨지는 명제를 문제 삼아보자. 여기에는 모종의 선입견뿐만 아니라 논리적 난점도 포함되어 있는 듯하다. '고교생이다'라는 사실판단으로부터 '고교생답게 해야 한다'라는 가치판단이 도출되었다고 여겨지기 때문이다. 최근 이따금 '어린이는 왜 어린이답지 않으면 안 되는 걸까?' '노인이 왜 젊은이다워서는 안 되는 걸까?'라는 견해가 보이는데 이는 사실로부터 가치를 도출하는 절차를 꼬집은 반론으로도 볼 수 있다.

이를 지적한 이는 18세기의 흄인데 그는 다음과 같이 기술하고 있다. "어떤 도덕 체계에 있어서도, (⋯) 저자는 잠시 동안 통상적인 방법으로 논구를 진행하다가 이어서 신의 존재를 입증하고, 인간에 관한 사항에 대해 소견을 진술한다. 그렇지만 갑자기 마주치게 되는 명제는 모두 '이다'라든가 '이 아니다'라는 보통의 연사連辭로 명사를 끝맺는 대신 '해야 한다' 또는 '해서는 안 된다'로 끝맺고 있다는 사실을 발견하고 나는 깜짝 놀랐다. 왜냐하면 이 '해야 한다' 또는 '해서는 안 된다'는 것은 어떤 새로운 관계, 단언을 표현하고 있기 때문이다." 이러한 관점은 나중에 무어G. E. Moore가 지지했고('자연주의적 오류'론), 이후 특히 영미 연구자들이 강조했다.

지금 이 첫 번째 난점은 다른 딜레마('자유' 대 '필연')와 깊이 연관된 난점이기도 하다. 결과가 비도덕적이더라도 그것을 초래한 행위가 '긴급 피난'이거나 '강제'에 의한 타율적 행위라면, 그 행위에 대한 책임은 추궁받지 않는다. 역으로 우연히 행한 행위의 결과가 도덕적이었다고 해도 그것이 타율적인 행위였다면 도덕적 행위로 간주하지 않는다. 결국 도덕성의 존재 증명은 판단이나 행위의 자율성에 있고, 타율적 판단이나 행위는 도덕적 평가 대상이 되지 않는 것이다. 처세가 이러한 자율성의 요구를 충족시킬 수 없음은 분명하다.

칸트를 비롯한 대부분의 윤리학자는 자율성을 도덕의 가장 중요한 조건으로 본다. 이것은 오늘날에도 변함없다. 타율적인 도덕을 인정하려는 연구자는 거의 없다. 이를 가장 명료하게 간파할 수 있는 예는 도덕교육에서 자주 문제 삼게 되는 도덕성 발달 단계 논의에서다. 보통 여기서는 도덕성 발달이 전 도덕적 수준 → 관습적(타율적) 수준 → 자율적 수준으로 나아간다고 설명한다(예를 들면 피아제). 이 도식에서도 명백히 보이듯 자율성은 도덕의 필요조건이다. 이 점에서는 듀이나 콜버그도 다르지 않다. 콜버그의 유명한 6단계설은 바로 이러한 발달 단계를 정교하고 치밀하게 전개시킨 논의다.

이 도식으로부터 본다면 관습적 단계에 속하는 처세나 상식은 도덕의 전 단계로서 극복되어야 할 대상으로밖에 남지 않는다.

반론의 시도 두 가지 난점 가운데 전자를 논박하는 것은 그다지 어렵지 않다. 실제로 많은 윤리학자가 반론을 시도 했다.

흄의 지적은 엄밀한 사실('있는 그대로의 사실')과 그 것으로 환원할 수 없는 가치 사이의 구별에 입각해 있지만 애초부터 처세 에는 그러한 구별이 성립하지 않는다. 우리가 처세에 있어 상식적으로 이 용하는 말들은 늘 관습이나 사회제도의 영향 아래 있으며, 이른바 가치 나 사실의 혼합물이다. '당신이란 사람은 바보로군요'가 경우에 따라서 '당신을 좋아해요'라는 표현이 될 수 있는 것은 바로 그 때문이다.

앞에서 보았던 '노인은 노인답게 해야 한다'는 명제에 대해서도 사정은 별반 다르지 않다. 이 명제에서 '노인'이 특정 연령층의 사람을 가리키고 있다면, 흄의 지적대로 논리적으로 옳지 못한 추론이 이뤄진다. 하지만 '노인'이 '노인답게 마땅히 그러해야 할 것'이라는 가치적 의미를 이미 포 함하고 있는 말이라면, 설사 거기에 모종의 선입견이 얽혀 있다 해도 논 리상의 오류가 있는 것은 아니다. 이 경우 앞의 명제가 오류인 것은 단순 한 동어반복tautology에 지나지 않기 때문이다.

사실과 가치를 구분하려는 의식은 흄에 한정되지 않는다. 칸트도 거의 같은 의식을 공유했다. 그도 가치의 세계와 사실의 세계를 엄격히 구별하 고, 전자에 대한 후자(예를 들면 '경향성')의 개입을 허용하지 않았다. 여기 서도 '~하는 것이 마땅하다'는 '이다'로부터 도출될 수 없다.

아니 그뿐만이 아니다. 이러한 구분은 정도의 차이만 있을 뿐 근대 이후의 사상가들에게 거의 공통된다고 할 수 있다. 그것은 엄밀한 지식을 지향하는 데 있어서 중시하지 않을 수 없는 구분이었기 때문이다. 바꿔 말하면 그것은 지식의 엄밀성을 지향하는 학문적 구분이긴 해도 애초부터 처세와는 아무 관계도 없는 구분이다.

두 번째 난점에 대한 반론은 상당히 어렵다. 자율성은 입장을 달리하는 연구자들 사이에서조차 다 같이 도덕성의 자명한 조건으로 여기고 있기 때문이다. 타율적 행위가 도덕적일 수 있다고 주장하는 윤리학자가 있다면, 위험 사상의 소유자로 의심받을 것임에 틀림없다.

하지만 자율과 타율을 확실하게 구분하는 일 또한 그렇게 쉽지 않다는 사실에 유의해야 한다. 때때로 문제가 되듯이 매스미디어 등에 의한 무의식적 각인이 타율의 범주에 든다고 한다면('세뇌'), 자율적 의식이라 생각하고 행하는 유행의 추종이나 소비 행동도 반드시 자율적 행위라 할 수 없기 때문이다. 이것은 특정 종교의 신앙에 따른 다양한 활동 등에도 꼭 들어맞는다.

아니 문제가 되는 것은 그러한 특수 사례에 그치지 않는다. 평소 볼 수 있는 '자율'적인 도덕적 행위에 대해서도 거의 같은 말을 할 수 있다. 예를 들면 전동차 안에서 자신이 자발적으로 연장자에게 자리를 양보하는 행위를 문제 삼아보자. 자기 이익을 꾀하는 다른 의도가 숨어 있지 않는 한, 이것이 도덕적 행위라는 데 이견을 보일 사람은 없을 것이다. 하지만 그 행위는 '연장자를 친절하게 돌봐야 한다'라는 처세와도 관계가 있지 않을까? 처세와는 무관하다고 단언하는 사람은 노인에게 자리를 양보하는 행위의 도덕적 근거를 직접 찾아내지 않으면 안 된다. 하지만 그것이 성공할 가능성은 거의 없다. 처세 가운데 존재하지 않는 사례를 앞에 두고(예를 들면 뇌사 등), 윤리학자가 어떻게 해야 할지 당황해하는 현 상태가 무엇보다 그것을 뒷받침해주고 있다. 윤리학자라고 해서 일상의 도덕적 상황에서 처세와 관계없이 도덕적 판단을 내리는 것은 아니다. 이것은 앞에서의 가치와 사실의 구분 문제에도 해당된다. 이와 같이 우리가 자율적으로 행하고 있는 '선한 행위'가 사실은 '(처세에 있어서도) 선으로 간주되고 있는 행위'라면, 그것은 자율과 타율이 뒤섞인 행위라고도 할 수 있다. 그렇다면 앞에서 언급한 발달 단계의 도식에 대해서도 의문을 제기할 수 있다. 설사 자율적 단계에 있다 해도 거기에는 무의식중에 처세와 같은 관습적 단계의 기능이 관여하고 있다고 생각하기 때문이다.

처세의 복권   확실히 자율은 책임 소재 문제와도 얽혀 있고 윤리학의 주요 테마 중 하나이기도 하다. 하지만 자율이 도덕이 확보해야 할 요건인지 어떤지는 문제 삼아도 좋을 듯하다. 이 점에 대해서는 셸러의 지적이 흥미로운데, 그는 자율을 통찰의 자율과 의욕의 자율, 둘로 나누어 논하고 있다. 전자는 맹목적 의욕의 타율과 대립하고, 후자는 강제된 의욕의 타율과 대립한다. 후자의 자율과 달리 전자의 자율은 반드시 '모방'이나 '종속'과 양립하지 않는 것은 아니다. 그런 한에서 타율은 윤리학 안으로 회복될 가능성이 열린다.

이러한 가능성이 가장 잘 구체화되어 있는 것은 아리스토텔레스의 헥시스Hexis(인간에게 본래 갖추어져 있는 능력(가능성)이 후천적으로 개발되어 완성된 상태—옮긴이)론이다. 여기서는 자율인가 타율인가의 선언이 그다지 중요한 문제가 될 수 없다. 헥시스는 일상 세계에서 매일 형성되는 것이기 때문이다. 이처럼 형성되는 측면을 고려하지 않을 수 없다면 헥시스론은 타율의 계기를 배제할 수 없게 된다.

이러한 타율의 허용은 아리스토텔레스가 처세를 중시하는 점과 깊은 관련이 있다. 그에게 있어서 도덕은 '나 혼자만의 삶'을 위한 것이 아니라 '많은 사람과 더불어 살아가기' 위한 것이었다. 그가 문제 삼는 많은 덕이 소통적인 대타對他적 관계에 있어서 다양한 역할의 우월성과 연결되고 있는 것은 그 때문이다. 시민으로서, 친구로서, 부모로서 등등, 우리는 많은 역할을 짊어지고 타자와 더불어 살아간다. 이러한 사교성의 장소에서 기능하는 도덕적 지식은 처세와 무관하다고 할 수 없다.

그러므로 아리스토텔레스는 도덕적 지식 영역으로 독사doxa와 에피스테메epistemе를 구분하지 못하게 했다. 도덕은 양자의 이른바 중간에 위치하는 엔독사(통념, 상식, 모든 사람이 상식적으로 맞다고 믿거나 대부분의 현명한 사람이 옳다고 인정한 명제—옮긴이)의 영역과 관계된다. 이것은 그가 '중용'을 중시한 점과도 일맥상통한다. 중용은 그에게 있어서 '사람에 대한' 중을 의미했다. 그것은 칸트가 오해했던 것과 같은 '사물에 있어서의' 중이 아니다. 애초부터 타자와 관계되는 상황 속에서 엄밀한 중에 들어맞는 태도나 행위는 취할 수 없다. 오히려 그것은 일상의 공동 생활자에게 필요하다고 여겨지는 '인간적인 선'의 지침이다.

하지만 말할 것도 없이 이러한 헥시스론적 관점이나 처세에 대한 신뢰가 현대 사회에서는 거의 실종되었다고 해도 좋다. 여기서 문제 삼고 있는 딜레마가 오늘날에는 숨은 아포리아가 되고 있는 것 자체부터 이미 그 증거로 볼 수 있기 때문이다.

물론 처세에 문제가 없다는 식으로 말할 의도는 없다. 무반성적 처세에 의거한 결과가 도덕에 어긋나는 예는 얼마든지 들 수 있다. 하지만 그렇다 해도 처세가 도덕의 문제 영역으로부터 내몰린다고 한다면 그것은 도덕의 거처를 빼앗고, 더 나아가서는 윤리학의 존재 근거마저 박탈할 것이라고 나는 생각한다. 왜냐하면 도덕적 지식은 일상 세계 속에 살아 있는 지식이고, 여기서 떨어져 나가서는 도덕의 생식 장소는 있을 수 없기 때문이다.

이제까지의 논의에서 불리한 위치에 있는 처세에 일단 손을 들어주려고 했던 것은 바로 그 때문이다.

자연주의적 오류
NATURALISTIC FALLACY

무어는 '선한 것'을 묻기에 앞서서 '도대체 선(선하다는 것)이란 무엇인가?'라고 묻고, 그러나 '선이란 …이다'라고 정의하는 것은 불가능하다고 주장한다. 이때 그러한 정의의 가장 통상적인 것으로 '…'에 '경험적인 것=자연적인 것'을 가져와서, 예를 들면 밀J. S. MILL과 같이 '선이란 행복이다'라고 정의하는 것을 '자연주의적 오류'라고 비판한다. 이것은 자연적 사실로부터 선을 이끌어 내는 것, 따라서 중간에 그것을 통해서 옳은 행위를 도출하는 것은 잘못임을 의미한다. 그렇다면 그것은 '이다IS'로부터 '해야 한다OUGHT'를 (논리적으로) 도출하는 것은 불가능하다고 한 20세기 판 흄의 주장이라 할 수 있다.

그러나 윤리학의 역사에서 볼 때 현대 윤리학은 통상 이 무어의 논의로부터 또는 메타윤리학으로부터 시작되었다고 여겨진다. 이 논의를 기준으로 선의 인식론적·존재론적 지위에 대해서 (1)선은 인식 가능하다고 하는 인지설, 또 그 안에 (A)선은 자연적인 것 내지는 그것으로 환원 가능한 것이라고 하는 자연주의(밀 등), (B)선이란 비자연적인 것이고 따라서 경험을 초월해 직관에 의해서 파악되는 (그럴 수밖에 없는) 것이라고 하는 직관주의(무어 등), (2)선은 애초부터 존재하지 않으며 인식 불가능하다고 하는 비인지설, 또 그 위에 '선'은 오스틴J. L. AUSTIN의 용어를 빌려 말한다면, 발화發話에 있어서 (A)의미론적인 것으로서 '발어 내적 힘'을 갖는다고 하는 지시주의(헤어 등), (B)어용론적 차원에서 '발어 매개적'으로 기능한다고 하는 정의주의(스티븐슨 등), 이와 같은 네 가지 구분이 표준적인 구분으로 규정되고 있다.

메타윤리학적으로는 종전에 (2)가 우세했으나 얼마 전부터 규범윤리학이 복권되면서 워녹G. J. WARNOCK 등의 신자연주의나—이것은 논리 구성이 조금 다르지만—맥도웰J. MCDOWELL 혹은 플라톤주의적인 머독I. MURDOCH의 (윤리적/도덕적) 실재론이라는 형태로 (1)이 다시 유력해지고 있다. 그러나 '선이란 무엇인가'라는 문제는 현재 여전히 미해결 상태다. 선(가치)이란 객관적인가 주관적인가 하는 고대 이래의 문제는 여전히 결말이 나지 않은 것이다.

모럴 아포리아

1판 1쇄	2013년 5월 13일
1판 2쇄	2013년 9월 9일

엮은이	사토 야스쿠니, 미조구치 고헤이
옮긴이	김일방, 이승연
펴낸이	강성민
편집	이은혜, 김신식, 박민수
인턴	양예주, 이두루
마케팅	최현수
온라인 마케팅	김희숙, 김상만, 이원주, 한수진

펴낸곳	(주)글항아리	출판등록 2009년 1월 19일 제406-2009-000002호
주소	413-120 경기도 파주시 회동길 210
전자우편	bookpot@hanmail.net
전화번호	031-955-8891(마케팅) 031-955-2670(편집부)
팩스	031-955-2557

ISBN	978-89-6735-052-9 03100

글항아리는 (주) 문학동네의 계열사입니다.

이 도서의 국립중앙도서관 출판시도서목록(CIP)은 e-CIP홈페이지
(http://www.nl.go.kr/ecip)와 국가자료공동목록시스템(http://www.nl.go.kr/kolisnet)
에서 이용하실 수 있습니다.(CIP제어번호: CIP2013003758)